W0249897

100 MOTS & EXPRESSIONS EMPLOYÉS À MAUVAIS ESCIENT

Avant-propos

C'est un fait : les langues évoluent, changent, voient certains mots mourir et d'autres naître, leur structure syntaxique se transformer au fil des siècles – en un mot : elles vivent.

Mais ces évolutions vont-elles toujours dans le bon sens ? Et ces changements nous absolvent-ils de tout effort de rigueur et de précision dans notre expression ? Le « bon usage » a souvent mauvaise presse dans un monde où, d'un côté, les langages « technicistes » et, de l'autre, une espèce de flou perpétuel de l'expression – et donc de la pensée – semblent avoir pris le pouvoir. Pourtant, il peut ne pas être tout à fait vain, çà et là, de se montrer un peu tatillon – affirmeront d'aucuns – ou rigoureux – soutiendront les autres. Et quoiqu'il siée de rester ouvert et attentif aux évolutions, rien ne nous interdit de ne pas adhérer nécessairement à toute nouvelle locution en vogue, envahissante, voire hégémonique ; ou, du moins, pouvons-nous nous interroger à son sujet – est-elle utile et apporte-t-elle quelque chose de nouveau ? –, *a fortiori* lorsque celle-ci embrume notre pensée du voile d'une « novlangue » captieuse.

8, 9

Se replonger dans l'étymologie, analyser certaines structures, mettre un point d'honneur à trouver le mot juste – ou parfois seulement *faire l'effort* de réfléchir aux termes que l'on emploie sans forcément aller plus loin –, voilà qui ne nous semble pas tout à fait superflu.

Mots et expressions utilisés à contresens ou faux sens à foison, imprécisions et confusions en tout genre – notamment sous l'influence parfois pernicieuse des emprunts à l'anglo-américain –, paronymes fallacieux, barbarismes, pléonasmes et solécismes tous azimuts… Ce livre aborde toutes ces erreurs ou maladresses courantes sans jamais les épuiser tant la tâche semble herculéenne et sisyphéenne !

À tout le moins, espérons que les lecteurs y trouveront matière, non pas à un purisme débridé, péremptoire et pédant, mais à une modeste réflexion sur la langue contemporaine, avec ses qualités et ses défauts, ses forces et ses faiblesses.

Prêts à relever le défi ?

I

De quelques faux sens et contresens

Le faux sens se définit comme l'interprétation ou l'emploi erronés d'un mot (par exemple *achalandé* ou *chafouin*).

Le contresens, quant à lui, correspond à une interprétation opposée à la signification réelle du mot (par exemple *naguère* ou *l'œil du cyclone*).

Ces erreurs sémantiques sont légion. En voici quelques-unes, parmi les plus courantes – et, souvent, les plus méconnues…

Achalandé
A contrario
A minima
Avatar
S'avérer
Chafouin
Commémorer
Conséquent
Coup de Jarnac
Coupes sombres
Décimer
Déprédation
Éponyme
Errements
Évident
Faire long feu, ne pas faire long feu
Gâchette
Ingambe
Mappemonde
Naguère
Œil du cyclone
Périple
Rétorquer
Risquer
Sans coup férir
Soi-disant
Solution de continuité
Tirer les marrons du feu

Achalandé

« Cette épicerie fine est vraiment bien achalandée : on y trouve de tout. »

Que de fois n'a-t-on entendu cette phrase – ou l'une de ses semblables : il n'y a pas que l'épicerie qui soit « bien achalandée » !

Pourtant, l'erreur est bien là : *achalandé* ne signifie pas « bien pourvu en marchandises », mais « qui attire de nombreux clients ». En effet, le verbe désuet *achalander* (« fournir des clients ») est formé par préfixation *(a-)* sur le nom *chaland* qui désigne un client, un acheteur. Ce substantif a d'ailleurs une étymologie assez étonnante : apparu au XIIe siècle sous la forme *chalant* (« ami, protecteur »), il est issu du participe présent du verbe obsolète – et néanmoins délicieux – *chaloir* (« importer »), que nous avons conservé dans la locution *peu me chaut* (« je m'en fiche », en termes moins fleuris). Deux autres termes furent forgés sur cette racine issue du latin *calor* (« chaleur » – pour filer la métaphore thermique, *peu me chaut* signifie proprement « cela ne me fait ni chaud ni froid ») : l'adjectif *nonchalant* et le nom *nonchaloir* si cher à Baudelaire : « Ô boucles ! Ô parfum chargé de nonchaloir ! » *(La Chevelure).*

Mais quittons l'éther poétique pour revenir à notre *chaland* : comme tous les mots de sa famille, le terme est quelque peu suranné, si bien qu'il n'est plus compris : *achalander* et, surtout, son participe adjectivé *achalandé* ne sont plus guère reliés sémantiquement à l'idée de « client ». De ce fait, par glissement de sens métonymique, *achalandé* en est arrivé à s'appliquer erronément, non plus à l'acheteur, mais aux marchandises que celui-ci souhaite acquérir.

Quoi qu'il en soit, si l'on souhaite garder, en toute rigueur, le précieux lien étymologique avec le *chaland*, l'adjectif *achalandé* ne peut signifier « approvisionné ». Du reste, les Québécois l'ont bien compris, qui continuent de l'employer avec le sens de « qui a de nombreux clients ».

Évitez de dire : *Cette épicerie fine est bien achalandée : on y trouve de tout.*
Dites plutôt : *Cette épicerie fine est bien approvisionnée : on y trouve de tout.*

Qui l'eût cru ?

Un peu de québécismes

Connaissez-vous le québécisme *achalant* ? Dans la langue familière, il est synonyme de « énervant, importun ». Cet adjectif (et le verbe dont il dérive, *achaler*) ressemble fort à notre *chaland*… Et ce n'est pas un hasard : il est lui aussi issu de *chaloir*, qui, au sens figuré, signifia « échauffer » (*chaloir* venant du latin *calere* « s'échauffer » : celui qui vous *achale* vous « échauffe » les oreilles ou la bile – au choix) !

A contrario

Le latin nous a légué de nombreuses locutions, tel *a contrario*, dont la langue courante a fait peu ou prou un synonyme d'« au contraire », « inversement » : « Je ne ressens aucune fierté à avoir agi ainsi, ni, a contrario, aucune honte. »

En réalité, *a contrario* possède une signification bien précise, qui ressortit au domaine de la logique. Cette locution fut empruntée assez tard (fin XVIIIe siècle) au latin scolastique et juridique du Moyen Âge : elle signifiait alors « par la raison des contraires » et s'appliquait à un type de raisonnement particulier qui en partant d'hypothèses opposées, et présentant une même forme identique, aboutit à des conclusions opposées.

Exemple : « Il ne faut pas sortir quand il y a de l'orage. » Raisonnement *a contrario* : « Il faut sortir quand il n'y a pas d'orage. »

On voit bien l'aspect « pervers » de ce type de raisonnement : ce n'est pas parce que la première proposition entraîne telle conséquence que la proposition inverse amènera la conséquence opposée !
Dans le domaine juridique, le raisonnement *a contrario* s'avère – et l'on comprend aisément pourquoi – l'un des préférés des avocats, qui peuvent ainsi manipuler à l'envi les textes de loi afin de défendre leur client…

Évitez de dire : *Je ne ressens aucune fierté à avoir agi ainsi, ni, a contrario, aucune honte.*
Dites plutôt : *Je ne ressens aucune fierté à avoir agi ainsi, ni, à l'inverse, aucune honte.*

A minima

L'usage de locutions latines a quelque chose d'indiciblement élégant, érudit, voire cuistre, et confère donc à vos propos un sérieux irréfragable… à condition, bien sûr, de les employer à bon escient ! Ce qui est rarement le cas d'*a minima*, expression didactique que l'usage courant a faite sienne – en la gauchissant quelque peu : *a minima*, équivalent un rien pédant d'« au moins », d'« au minimum ». En réalité, cette locution est issue d'une expression latine juridique qui s'est vu amputer de son substantif : *a minima poena* (« à partir de la plus petite peine »). Aujourd'hui, l'expression *a minima* s'emploie surtout dans la locution *appel a minima,* qui signifie que le ministère public interjette appel lorsqu'il juge que la peine infligée est insuffisante. Au rebours, l'appel *a maxima* réclame une peine moindre. Ces deux locutions possèdent donc un sens technique bien précis et ne doivent pas être utilisées en dehors de leur acception juridique.

Évitez de dire : *Ils espèrent récolter 20 000 euros a minima.*

Dites plutôt : *Ils espèrent récolter 20 000 euros au moins / au minimum / au bas mot.*

Qui l'eût cru ?

Minimums ou *minima* ?

Minima existe aussi en tant que substantif… et pose alors le problème du pluriel des noms empruntés ! L'on peut en effet dire *un minimum, des minima*, en conservant le pluriel du latin. Mais l'on peut tout aussi bien utiliser le pluriel français : *des minimums*. C'est, du reste, ce que fait la langue quotidienne, hormis dans la locution *les minima sociaux*.

Avatar

« Avec ce projet, nous avons connu bien des avatars », entend-on çà et là. Étrange emploi, en vérité, que celui qui consiste, par glissements de sens successifs, à faire d'*avatar* le synonyme de « mésaventure », « événement fâcheux », « tracas ». Rien de plus faux, en effet, même si cette acception se rencontre sous de très bonnes plumes : « Les aléas, les avatars du métier » chez Céline *(Mort à crédit)* ; ou encore « Mais n'attends pas de moi que je complique une histoire déjà assez fertile en péripéties par le récit des avatars de cette manucure », chez Pierre Benoit *(L'Atlantide).*

Le contresens est patent : le nom *avatar*, issu du sanskrit *avatāra* signifiant « descente (sur terre d'entités divines) », fut emprunté en français au XIXe siècle ; il désigne à l'origine, dans la religion hindoue, les différentes réincarnations du dieu Vishnu descendant sur terre pour restaurer le *dharma* (ordre universel cosmique).

Par un premier sens figuré, *avatar* s'emploie dans la langue courante comme synonyme de « transformation », « métamorphose » : « Par quelles interventions de prodigieux avatars, de lentes transformations, de nuances insensibles, Gabrielle peu à peu était devenue tata ? » (Courteline, *Messieurs les ronds-de-cuir*).

Dans la langue contemporaine, notre *avatar* a connu un nouvel avatar sémantique (si l'on ose dire), dû à l'influence de l'anglais : dans le lexique audiovisuel, il désigne un personnage, une *incarnation* virtuelle d'un internaute évoluant dans l'univers des jeux en ligne… Un peu comme si, finalement, le joueur était un démiurge de cette « réalité virtuelle » – notons, au passage, l'oxymore inquiétant de cette locution !

Évitez de dire : *Que veux-tu ? Ce sont les avatars de la vie !*
Dites plutôt : *Que veux-tu ? Ce sont les vicissitudes de la vie !*

Qui l'eût cru ?

C'est écrit en sanskrit

Le sanskrit (ou sanscrit), signifiant « parfait », est la langue littéraire religieuse de l'Inde, dans laquelle sont écrits les Veda, premiers textes religieux et poétiques indiens. Appartenant à la branche indo-aryenne de l'indo-européen, le sanskrit est une langue morte depuis le début de l'ère chrétienne, bien qu'il ait été maintenu en tant que langue savante des castes cultivées.
Outre *nirvana*, le français lui a emprunté quelques termes, essentiellement en rapport avec la religion hindouiste : *bouddha, chakra, gourou, karma, mantra,* ainsi que le *svastika*, symbole sacré signifiant « de bon augure » et qui fut repris d'une bien triste manière par les nazis…

S'avérer

Le verbe *avérer* et *(s'avérer)* est victime des pires outrages sémantiques qui soient : le pléonasme et le contresens. Issu du latin *averare* (de *verus*, « vrai »), avérer contient donc l'idée de véracité et signifie « donner pour certain », « faire reconnaître la vérité d'une chose », quoique cet emploi soit devenu obsolescent ou didactique :

« C'est un point délicat, et de pareils forfaits,
Sans les bien avérer ne s'imputent jamais » (Molière, *Sganarelle, ou le Cocu imaginaire*).

De même, l'usage de la forme pronominale en emploi absolu, synonyme de « se montrer comme vrai », relève d'un registre soutenu ou archaïsant :

« C'est assez que la chose, au gré de mon désir,
S'est naguère entre nous pleinement avérée » (La Fontaine, *L'Eunuque*).

Dans la langue contemporaine, il est courant d'utiliser *s'avérer* suivi d'un adjectif attribut avec le sens de « se révéler, se montrer tel ou tel » : « La soif s'avérait redoutable » (M. Genevoix, *Roû*). Apparu au XXe siècle, ce tour ne fut entériné par l'Académie qu'en 1986.

Et c'est là que le bât blesse ; car, en raison de son étymologie, *s'avérer* ne peut être suivi de l'adjectif *vrai* (ni de l'un de ses synonymes : *exact, juste*) : cela constituerait un pléonasme de la plus belle eau ! De même, adjoindre à notre verbe l'adjectif *faux* (ou *inexact*) relèverait du contresens. En revanche, les autres adjectifs sont acceptés : « Son travail s'est avéré excellent / décevant / surprenant… » Voilà qui laisse le choix !

Évitez de dire : *Ses prédictions se sont avérées vraies / fausses.*

Dites plutôt : *Ses prédictions se sont avérées. Ses prédictions se sont révélées vraies / fausses.*

Chafouin

Très en vogue, l'adjectif *chafouin* est rarement employé avec son véritable sens. L'usage quotidien en a fait un synonyme de « contrarié », « maussade », « de mauvaise humeur ». À tort, sans aucun doute ! Cette acception, influencée par les sonorités du mot – peut-être par collision paronymique avec *chagrin* et *chiffon*, qui évoquent tous deux tristesse et contrariété – ne résiste cependant guère à un bref examen étymologique.

Surprenante étymologie, du reste ! *Chafouin* apparut à la fin du XVe siècle, tout d'abord comme terme injurieux : il résulte en effet de l'agglutination de deux noms d'animaux : *chat* et *fouin* (forme masculine de *fouine*). L'on imagine aisément quel aspect pourrait revêtir un tel animal… et surtout les travers qui lui seraient attribués : fourberie, rouerie, hypocrisie, curiosité à mauvais escient… comme toute bonne fouine qui se respecte ! C'est ainsi que *chafouin* en est venu à signifier « sournois, rusé », comme dans cet exemple de Pierre Loti *(Jérusalem)* : « Les visages, qui se détournent à demi pour nous examiner, sont presque tous d'une laideur spéciale, d'une laideur à donner le frisson : si minces, si effilés, si chafouins, avec de si petits yeux sournois et larmoyants, sous des retombées de paupières mortes ! »

Évitez de dire : *Il a l'air tout chafouin aujourd'hui : il a dû passer une mauvaise journée.*
Dites plutôt : *Il a l'air tout maussade aujourd'hui : il a dû passer une mauvaise journée.*

Commémorer

Dans nos sociétés où l'histoire paraît n'être souvent qu'une succession de tragédies, les commémorations vont bon train et semblent rythmer la vie de la cité. Toutefois le verbe *commémorer*, si solennel et grave sonne-t-il, ne peut être employé dans n'importe quelles circonstances.

Son étymologie nous le chuchote avec insistance : dans *commémorer*, on entend le latin *memoria*, « la mémoire ». *Commémorer*, c'est donc « rassembler dans sa mémoire », « se remettre en mémoire » : l'on commémore ainsi une naissance, une mort, une victoire, un événement passé, en rappelant leur souvenir par une cérémonie. En 2018, par exemple, nous avons commémoré l'armistice marquant la fin de la Première Guerre mondiale. La notion de mémoire, contenue dans *commémorer* et *commémoration*, est essentielle : elle nous renvoie forcément à un moment du passé, comme dans cet exemple : « Des lords anglais qui sortent d'une guerre acharnée contre la démocratie française doivent entrer avec zèle dans cette commémoration de leurs aïeux » (Hippolyte Taine, *Histoire de la littérature anglaise*). À l'inverse, on ne pourra pas dire, *stricto sensu*, qu'en 2018 nous avons « commémoré » le centenaire de la fin de la Première Guerre mondiale : en revanche, on l'a *célébré* ou *fêté*. Certes, ces deux verbes sonneront sans doute moins cérémonieux ou compassés à nos oreilles éprises de pompe et d'apparat commémoratif… mais ô combien plus rigoureux sémantiquement !

Évitez de dire : *En 2022, nous avons commémoré le quatre centième anniversaire de la naissance de Molière.*

Dites plutôt : *En 2022, nous avons célébré le quatre centième anniversaire de la naissance de Molière.*

Qui l'eût cru ?

Mnémosyne a une bonne mémoire

La racine indo-européenne servant à exprimer la mémoire fut très prolifique dans bien des langues. Deux mots souvent victimes d'erreurs en sont issus, via le grec et le latin.
Tout d'abord *mnémotechnique* (souvent déformé en *mémotechnique*), forgé sur le grec *mnémo-* : *Mnémosyne* était la déesse de la Mémoire et s'unit à Zeus pour donner naissance aux neuf Muses, divinités symbolisant les arts libéraux.
Ensuite, le nom *mémoire*, qui change de genre selon le sens : si *la mémoire* ne nous pose guère de problème (du moins grammaticalement !), *le mémoire*, par contre, voit son genre masculin souvent malmené quand on le met au pluriel pour désigner les écrits autobiographiques : « *Les Mémoires d'outre-tombe*, écrits par Chateaubriand, sont merveilleux ! »

Conséquent

« Dix mille euros, c'est une somme conséquente. » Certainement pas ! Du moins, pas d'un point de vue sémantique : l'adjectif *conséquent* n'est en rien synonyme d'« important », de « considérable ».

L'étymologie, comme souvent, nous renseigne sur son sens véritable : le latin *sequi* signifie « suivre » et a fourni de nombreux mots français : *séquence, séquelle, persécuter, consécutif, second*, et même *suite*, ainsi que le très joli et littéraire *subséquent* et, donc, *conséquence* et l'adjectif *conséquent*.

Ce dernier signifie « logique, cohérent », « qui agit sensément », « qui a de la *suite* dans les idées » : il faut se montrer conséquent dans ses actes et ses paroles. C'est ce sens que l'on retrouve dans la locution adverbiale *par conséquent*, ainsi que dans le tour obsolète *conséquent à* (« qui fait suite logiquement à ») : « Je crus donc, en y renonçant, prendre un parti très conséquent à mes principes, et sacrifier l'apparence à la réalité » (Rousseau, *Les Confessions*).

Quant à l'acception contemporaine de « considérable », elle est probablement due à l'influence d'expressions vieillissantes telles qu'*une personne de conséquence*, c'est-à-dire importante, ou *une affaire de conséquence*, « grave ».

Évitez de dire : *Dix mille euros, c'est une somme conséquente.*
Dites plutôt : *Dix mille euros, c'est une somme considérable.*

Coup de Jarnac

Jarnac, commune de Charente de 4 400 âmes, est demeurée célèbre dans notre lexique grâce à la locution *un coup de Jarnac*, souvent comprise de nos jours comme un coup perfide et déloyal. Pourtant, l'anecdote historique à l'origine de cette expression nous enseigne qu'il n'y a dans ladite locution nulle connotation dépréciative. Guy Chabot de Saint-Gelais, seigneur de Jarnac, provoqua en duel le Dauphin, futur Henri II, fils de François Ier, pour une raison conjugale. Il était impensable que le Dauphin se battît en duel, aussi fut-ce François de Vivonne, seigneur de La Châtaigneraie, redoutable lame, qui se proposa. Le duel eut lieu en 1547 au château de Saint-Germain-en-Laye devant le roi et toute la Cour. Jarnac porta un premier coup, inattendu, au jarret de son adversaire, puis le réitéra, terrassant La Châtaigneraie.

Le *coup de Jarnac* fut jugé comme tout à fait loyal par les spécialistes ès bottes d'escrime ; laquelle botte, originaire d'Italie, désigna ainsi un coup imprévu, certes, mais habile et astucieux. L'idée de fourberie et de déloyauté ne fut ajoutée qu'au XVIIIe siècle par certains lexicographes, avant d'être supprimée… puis rétablie dans l'usage au XXe siècle (aidée peut-être en cela par l'homonymie calembouresque avec la phrase « j'arnaque »), comme dans cet exemple de Clemenceau : « Les cris de mort jusque dans le prétoire, les juges insurgés contre la loi, le traître acclamé, le faussaire glorifié, la violence dans la rue, l'appel aux coups de force, les préparations criminelles, le coup de Jarnac d'un ministre en plein Parlement. »

Évitez de dire : *Cet hypocrite est coutumier des coups de Jarnac.*
Dites plutôt : *Cet hypocrite est coutumier des coups de traître.*

Coupes sombres

Le clair, le sombre : ces deux notions banales en soi sont, dans nos civilisations, chargées de connotations ; le blanc est innocence, pureté, vertu et bonté (le mariage en blanc, le chevalier blanc, la blanche colombe, avoir les mains blanches…), tandis que le noir évoque le mal, la tristesse, la mort (de noirs desseins, des idées noires, la magie noire, l'humour noir…).

Cette dualité chargée en symbolisme entre clarté et obscurité est sans aucun doute responsable du glissement sémantique – confinant au contresens – qui a touché l'expression figurée *faire des coupes sombres* : celle-ci désigne de nos jours une suppression importante, dans un texte, un budget, un groupe : « L'URSS est assez prolifique pour permettre sans qu'il y paraisse des coupes sombres parmi le cheptel humain » (André Gide). De nos jours, la guerre économique faisant rage, ces « coupes sombres » se pratiquent tout particulièrement au sein du personnel des entreprises et se voient alors régulièrement associées aux licenciements.

Pourtant, les *coupes sombres* n'ont à l'origine rien à voir avec l'économie, mais tout avec la sylviculture : la coupe sombre (ou « coupe d'ensemencement ») y désigne une coupe faible qui ne concerne que quelques arbres, laissant donc la forêt sombre et favorisant ainsi l'ensemencement naturel. Métaphoriquement, les *coupes sombres* ne devraient donc s'appliquer qu'à de modestes suppressions.

À l'inverse, la *coupe claire* désigne une coupe forte qui consiste à abattre un grand nombre d'arbres et permet ainsi une large arrivée de lumière. En toute rigueur, il siérait donc de dire, si l'on veut évoquer des licenciements massifs : « Cette entreprise a fait des coupes claires dans ses effectifs. »

Évitez de dire : *Cette entreprise a fait des coupes sombres, malgré de gros bénéfices.*
Dites plutôt : *Cette entreprise a fait des coupes claires, malgré de gros bénéfices.*

Qui l'eût cru ?

N'en jetez plus !

Notre *coupe* (déverbal de *couper*) possède un homographe : la *coupe* (du latin *cupa* « vase en bois ») dans laquelle on boit. Celle-ci intervient dans l'expression familière « La coupe est pleine » (c'est-à-dire « la mesure est comble » ou, plus familièrement, « ras le bol »). Par contre, ce n'est pas la *coupe*, mais bien la *cour* que l'on trouve dans l'expression populaire « N'en jetez plus, la cour est pleine » (« n'ajoutez rien de plus, ça suffit »). Ladite expression viendrait de l'époque où les chanteurs de rue exerçaient leur talent dans les cours : ils lançaient à leur auditoire, par antiphrase, un « N'en jetez plus, la cour est pleine ! » censé l'encourager à leur jeter par la fenêtre une piécette en guise de rétribution…

Décimer

Décimer, décimal… L'étymologie le clame haut et fort : ces mots viennent du latin *decimus* (« dixième »). Ainsi, la numération décimale prend pour base le nombre 10 et un nombre décimal comprend une partie entière et une partie décimale (2,75, par exemple). De ce fait, le verbe *décimer* (et son dérivé *décimation*) signifie *stricto sensu* « ôter un dixième ». La pratique de la décimation remonte à l'Antiquité romaine. Lorsque survenaient des désertions ou une mutinerie dans les légions, le châtiment se révélait cruel : on tirait au sort un légionnaire sur dix, lequel était exécuté.
Mais cette sentence impitoyable n'est rien comparée à l'usage exagéré que nous faisons du verbe *décimer* : « faire mourir un très grand nombre de personnes ». Par conséquent, si la population mondiale fut « décimée » par la peste noire, il n'eût dû y avoir peu ou prou « que » 10 % de victimes…
Évitez de dire : *La peste noire décima la population européenne.*
Dites plutôt : *La peste noire extermina une grande partie de la population européenne.*

Qui l'eût cru ?

C'est en 20 que l'on compte sur les nombres !

Il existe aussi un système vicésimal (du latin *vicesimus,* « vingtième ») dont les vestiges en français remonteraient aux Gaulois, qui comptaient en base 20 : nous en avons gardé les nombres *quatre-vingts* (4 x 20) et *quatre-vingt-dix* (4 x 20 + 10), quand les Belges et les Suisses disent très logiquement *septante*et *nonante*. Nous connaissons aussi les systèmes duodécimal (à base 12) et sexagésimal (à base 60), fort utiles pour compter minutes, heures et jours.

Déprédation

Le latin *praeda* (« proie, butin ») nous a légué *proie, prédateur, prédation,* mais aussi le substantif *déprédation*, souvent utilisé au pluriel dans le sens abusif de « dommages matériels causés aux biens d'autrui ou aux biens publics », « dégradations » ou « vandalisme », comme dans cet exemple journalistique : « Après ces affrontements, les manifestants ont commis d'importantes déprédations dans le centre de la ville. »

En réalité, le sens précis de *déprédation* est « vol ou pillage accompagné de destruction et de dégâts » : « Deux siècles de déprédations et de brigandages ont creusé le gouffre où le royaume est prêt à s'engloutir » (Mirabeau). On ne parle donc pas que de dégradation, mais aussi de rapine : la déprédation est un saccage dans les règles de l'art !

Dans la langue classique, *déprédation* présente une autre acception : il s'agit d'une exaction commise dans l'administration ou dans la gestion (publique ou privée) de quelque chose ; il est alors synonyme de « malversation » ou « prévarication ».

Enfin, il conviendra plus encore d'éviter d'employer le barbarisme *dépradation*, mélange de *déprédation, dégradation* et *dépravation*.

Évitez de dire : *Les manifestants ont causé d'importantes déprédations dans le centre de la ville.*
Dites plutôt : *Les manifestants ont causé d'importantes dégradations dans le centre de la ville.*

Éponyme

Le terme didactique *éponyme*, du haut de son étymologie grecque, est devenu très chic et prisé de la langue médiatique ; mais, victime de son succès, il est souvent employé à contresens, sous l'influence de l'usage anglophone.

Dans l'Antiquité, Athènes et Sparte étaient gouvernées respectivement par neuf archontes et cinq éphores. Or, l'un de ces dirigeants donnait son nom à l'année : on l'appelait l'archonte éponyme (littéralement « qui donne son nom »). Le sens d'*éponyme* est donc « qui donne son nom à » : Athéna est la déesse éponyme d'Athènes ; dans la tragédie *Phèdre* de Racine, l'héroïne éponyme se suicide avec du poison ; Eugène Poubelle est l'éponyme du récipient destiné aux ordures ménagères, etc.

À l'inverse, on ne pourra pas dire : « Emma Bovary est l'héroïne du roman éponyme », car ce n'est pas le roman qui a donné son nom au personnage, mais l'inverse ! Dans ce cas, il vaut mieux employer *homonyme* ou la tournure *du même nom* : « Emma Bovary est l'héroïne du roman homonyme. » Ce sera certes un peu moins cuistre, mais ô combien plus juste au regard de la logique !

Évitez de dire : *Le personnage d'Antigone et la pièce éponyme ont encore des résonances très contemporaines.*
Dites plutôt : *Le personnage d'Antigone et la pièce du même nom / homonyme ont encore des résonances très contemporaines.*

La racine *-onyme*

Le substantif grec *onoma* (« nom »), sous sa forme *-onyme* en composition, entre dans de nombreux mots composés d'origine savante, certains devenus d'un usage courant : *anonyme* (« sans nom »), *antonymie* (« opposition de sens »), *homonyme* (« même nom »), *paronyme* (nom qui ne diffère d'un autre que par un ou deux sons), *patronyme* (« nom transmis par le père »), *pseudonyme* (littéralement « nom qui ment »), *synonyme* (« nom ensemble »).
Un certain nombre d'entre eux, toutefois, n'ont pas ou peu franchi les austères frontières des lexiques techniques :
- *allonyme :* livre publié sous le nom d'une autre personne (réelle) ;
- *anthroponyme :* nom de personne ;
- *aptonyme :* nom de famille en rapport sémantique avec la personne qui le porte (*Thierry Le Luron*, humoriste) ;
- *astéronyme :* Nom propre laissé caché et remplacé graphiquement par des astérisques (*monsieur M****) ;
- *cryptonyme :* nom déguisé ou emprunté (*Alcofribas Nasier* pour *François Rabelais*) ;
- *ethnonyme :* nom d'habitant (on dit aussi *gentilé*) ;
- *hydronyme :* nom de cours d'eau ;
- *hyponyme* et *hyperonyme :* l'hyponyme est un mot dont le sens est plus spécifique que celui d'un autre, appelé *hyperonyme* (*chat* est l'hyponyme de *félin* ; *véhicule* est l'hyperonyme de *voiture*) ;
- *matronyme :* nom de famille transmis par la mère ;
- *odonyme :* nom propre désignant une voie de communication (routière, ferroviaire…) ;
- *oronyme :* nom propre désignant une montagne, une colline… ;
- *toponyme :* nom de lieu.

Errements

Le nom *errements* est un cas typique d'« étymologie populaire » et de l'influence que celle-ci peut exercer sur le sens d'un mot. En effet, *errements* semble dérivé du verbe *errer*, lui-même issu du latin *errare* (« aller çà et là », puis « faire fausse route », d'où « se tromper »), que l'on connaît bien grâce au proverbe *Errare humanum est*. Le nom dérivé est *erreur* et d'*erreur* à *errements*, il n'y a qu'un petit pas, que l'usage courant a franchi allégrement : *errements* signifie aujourd'hui « habitude néfaste », « manière d'agir blâmable » ; on parle ainsi des « errements de l'administration » et, souvent, l'on « retombe dans ses anciens errements ».

Cependant, cette valeur péjorative ne rend pas justice à l'étymologie de nos *errements*. En effet, ce nom est dérivé d'un autre verbe *errer*, plus vieux et usité en ancien français avec le sens de « voyager » et « agir de telle ou telle manière », car il était issu, non pas d'*errare*, mais d'*itinerare* (« voyager ») ; on le retrouve, du reste, dans les locutions « le chevalier errant » et « le Juif errant ».

Par conséquent, les *errements* désignent *stricto sensu* une manière d'agir habituelle, sans aucune connotation péjorative. Mais, à défaut de contexte, il est vrai que le sens précis n'est pas toujours aisé à démêler, comme dans cet exemple de Jean-Jacques Rousseau : « Il suit encore en cela les mêmes errements des autres. »

Évitez de dire : *Les errements de l'administration sont bien connus.*
Dites plutôt : *Les erreurs de l'administration sont bien connues.*

Évident

Le sens de l'adjectif *évident* est, pour ainsi dire, évident ! Issu du latin *evideri* (« apparaître en entier »), lui-même dérivé de *videre* (« voir »), *évident* signifie littéralement « que l'on voit parfaitement », donc « qui s'impose à l'esprit ou aux sens avec une vérité manifeste » ou, plus brièvement, « manifeste », « certain », « incontestable ». Comme le disait René Descartes : « Toute science est une connaissance certaine et évidente. »

Sans aller jusqu'à nous prendre pour des philosophes accomplis, gardons-nous tout de même d'user de l'adjectif *évident* comme le fait de plus en plus la langue contemporaine, en lui conférant le sens de « facile », « aisé » – même si, force est de le reconnaître, il n'y a qu'un petit pas sémantique de l'évidence à la facilité –, notamment dans la tournure « c'est pas évident ». Le truculent Frédéric Dard soi-même nous en prémunit : « Enquêter dans un patelin dont on ne parle pas la langue n'est pas "évident", comme ils disent tous, à présent. »

Évitez de dire : *L'emploi de tous ces mots n'est pas toujours évident.*

Dites plutôt : *L'emploi de tous ces mots n'est pas toujours facile.*

Qui l'eût cru ?

C'est son *-emment*, évidemment !

Soyons aussi vigilants à l'orthographe de l'adverbe dérivé d'*évident* : *évidemment* s'écrit bien avec deux *m*, comme la trentaine d'adverbes issus d'adjectifs en *-ent* (*consciemment, diligemment, patiemment, précédemment, prudemment,* ou le très soutenu *subséquemment*) et ne doit pas être confondu avec le nom commun *évidement* (action d'évider)…

Faire long feu, ne pas faire long feu

Merveilles de l'évolution lexicale ! Les deux expressions *faire long feu* et *ne pas faire long feu* en sont venues à être quasi synonymes, au gré des aléas de la confusion sémantique... Or ces locutions ne sont pas du tout équivalentes, tant s'en faut !

À l'origine, tout part du feu, en l'occurrence celui que produit la cartouche enflammée d'un mousquet qui met trop de temps à brûler : la mèche s'éteint, est trop humide ou trop lente à se consumer et, par conséquent, *faire long feu* signifie au sens propre que le coup rate son but, comme nous le rappelle Alfred de Vigny (*Cinq-Mars*) : « M. de Cinq-Mars en a agi trop noblement avec moi : mon pistolet avait fait long feu, et, ma foi, le sien s'est appuyé sur ma joue, j'en sens encore le froid. »

Au sens figuré, la situation se complique. Selon Émile Littré, pour qui l'idée de lenteur prévaut, cette expression se dit d'une « affaire qui traîne en longueur ». Mais à partir du XXe siècle, tous les dictionnaires ne donnent que le sens de « ne pas aboutir », « manquer son but », « échouer » : « Leur relation a fait long feu. » Mais la notion de longueur qu'implique cette locution est plus ou moins contradictoire avec celle d'échec : ce paradoxe explique sans doute que l'expression *faire long feu* n'est plus bien comprise et est devenue quelque peu désuète.

Quant à la forme négative *ne pas faire long feu*, on s'attendrait logiquement qu'elle signifiât l'exact contraire de *faire long feu*. Que nenni ! Cette expression a en effet une tout autre origine : il s'agit du feu du bois ou d'un brasier qui se consume rapidement, tel un feu de paille ; *ne pas faire long feu* équivaut donc à « ne pas durer longtemps ». Ainsi l'on pourrait dire, au risque toutefois d'une certaine schizophrénie lexicale : « Leur relation n'a pas fait long feu, car elle a fait long feu ! »

Évitez de dire : *Ils sont ensemble depuis trente ans et s'aiment toujours : leur relation fait long feu.*
Dites plutôt : *Ils sont ensemble depuis trente ans et s'aiment toujours : leur relation dure.*

Qui l'eût cru ?

Les énantiosèmes : quand le lexique se contredit

Selon certains linguistes, *ne pas faire long feu* peut sans problème s'employer à la forme affirmative avec le sens de… « durer » ! *Faire long feu* signifierait alors une chose et son contraire, ce qui, nul n'en disconviendra, ne serait pas très pratique et ne manquerait pas d'engendrer certains quiproquos. Cela dit, ce phénomène, appelé « énantiosémie » (propriété d'un mot qui possède deux sens opposés), se rencontre chez un certain nombre de termes : *amateur, apprendre, crépuscule, défendre, dispenser, hôte, louer, remercier, sanctionner…*

Gâchette

Les amateurs de Lucky Luke et autres « bonnes gâchettes » qui dégainent plus vite que leur ombre le savent bien : il est physiquement impossible d'« appuyer sur la gâchette » quand on veut envoyer son adversaire *ad patres*. En effet, la gâchette est la pièce intérieure d'une arme à feu, placée entre la détente et le percuteur, qui libère celui-ci lorsque l'on appuie sur la détente. On ne peut donc presser la gâchette, ni appuyer dessus, car elle est inaccessible à moins de démonter l'arme – n'en déplaise à notre cher Maupassant, dans *La Petite Roque* : « Il resta ainsi quelques secondes, immobile, le doigt sur la gâchette. »

En revanche, on appuie bien sur la détente, petit levier coudé servant à abaisser la tête de la gâchette. Néanmoins, l'on pourra dire d'un excellent tireur, par métonymie et dans la langue familière, qu'il est « une bonne (ou fine) gâchette ».

Évitez de dire : *À ce moment-là, John Wayne appuie sur la gâchette.*

Dites plutôt : *À ce moment-là, John Wayne appuie sur la détente.*

Qui l'eût cru ?

Quelques métonymies

La métonymie est le procédé consistant à désigner une entité conceptuelle par un autre terme qui entretient un lien logique avec elle. Par exemple :

- le contenant pour le contenu : *boire un verre* ;
- la partie pour le tout : *payer 50 euros par tête* ;
- la matière pour l'objet : *croiser le fer* ;
- l'auteur pour l'œuvre : *J'ai lu tout Proust* ;
- le lieu d'origine pour le produit : *un morceau de camembert* ;
- l'instrument pour l'agent : *une bonne gâchette*.

Ingambe

Le joli adjectif *ingambe* ressortit au langage soutenu ; ceci explique sans doute le contresens total dont il est souvent l'objet : le préfixe *in-* a la fâcheuse tendance à nous induire en erreur et à faire d'*ingambe* un synonyme d'« impotent, infirme, valétudinaire, cacochyme ».
Ingambe fut emprunté, au XVIe siècle, à la locution italienne *esser in gamba*, proprement « être en jambes », d'où, au sens figuré, « être en bonne santé, alerte, dispos ». La locution fut d'ailleurs transposée telle quelle à la Renaissance avec la même signification : *estre en gambes*. Adaptée en français contemporain, elle donna *être en jambes*, expression bien connue des sportifs, avant qu'elle ne s'imposât dans la langue courante.
Quant à l'adjectif *ingambe*, il signifie donc « alerte dans ses mouvements », « vif » et qualifie le plus souvent des personnes d'un certain âge : « Je regarde marcher la vieille. Elle (…) ne titube pas, au contraire, elle danse un peu, elle est ingambe » (Julien Green, *Journal*).

Évitez de dire : *Mon grand père est presque ingambe et ne peut plus monter les escaliers.*
Dites plutôt : *Mon grand-père est presque impotent et ne peut plus monter les escaliers.*

Qui l'eût cru ?

De la gambe aux gambettes

La forme *gambe* (devenue *jambe*) ne s'est pas maintenue en français, hormis dans la *viole de gambe* (ancêtre du violoncelle), dans le *jeu de gambe* (jeu d'orgue à bouche à la sonorité mordante), ainsi que dans les *gambes de revers, de hune* (en marine, filins servant à maintenir la hune)… Sans oublier le diminutif *gambette* !

Mappemonde

Le mot *globe* nous semble sans doute trop bref et trivial pour rendre compte de l'immensité de notre monde, en sorte que l'usage courant lui préfère souvent – à tort – le terme *mappemonde*. Or, *globe* et *mappemonde* ne sont pas synonymes.

Certes, ce sont tous deux des représentations de la Terre. Mais le *globe terrestre* désigne la matérialisation sphérique de notre planète ; quant à la *mappemonde*, elle est une carte plane figurant la projection des deux hémisphères placés côte à côte. Son étymologie nous le confirme : *mappemonde* est issu du latin médiéval *mappa mundi*, de *mappa* « plan, carte » (sens que l'on retrouve dans l'anglais *map*) et de *mundus* « monde ».

Mappemonde est donc synonyme de *planisphère* ; aussi était-il tentant d'utiliser celle-là pour désigner autre chose, en l'occurrence le globe terrestre. Du reste, l'erreur ne date pas d'hier, puisqu'elle est attestée dès le XIXe siècle, notamment chez Théophile Gautier (*Tra los montes*) : « Lorsque l'on est sur le dôme, on voit que les boules, qui d'en bas paraissent grosses comme des grelots, sont d'une dimension énorme et pourraient faire de monstrueuses mappemondes. »

Évitez de dire : *Il a cherché plusieurs pays en faisant tourner sa mappemonde.*

Dites plutôt : *Il a cherché plusieurs pays en faisant tourner son globe terrestre.*

Qui l'eût cru ?

Question de genre !

Bien qu'il soit formé sur sphère et que la plupart de ses composés soient féminins (*atmosphère, stratosphère, troposphère*), le nom *planisphère* est bien du masculin… tout comme *hémisphère* !

Naguère

Jadis et naguère : se peut-il imaginer titre plus beau ? C'est celui que choisit Paul Verlaine pour son recueil de poésie paru en 1884. Le poète aurait-il commis un pléonasme en associant ces deux termes ? Que nenni ! Tout se passe en fait comme si *naguère* était victime d'un transfert de sa forme vers son sens : puisque cet adverbe sonne moyenâgeux, sa signification doit forcément renvoyer à quelque chose d'ancien…

Pourtant, à bien considérer sa forme graphique, on reconnaît aisément son étymologie : *naguère*, résulte de la soudure de *(il) n'(y) a guère (de temps)* et apparut au XIIe siècle. Depuis lors, il a gardé son sens d'« il y a peu », « récemment ».

Jadis, apparu aussi au XIIe siècle, est issu de la contraction de *ja a dis*, c'est-à-dire « il y a déjà des jours », et signifie bien « il y a longtemps », « autrefois ».

Évitez de dire : *Naguère, les chevaliers partaient guerroyer.*

Dites plutôt : *Jadis, les chevaliers partaient guerroyer.*

Qui l'eût cru ?

Art poétique

C'est dans *Jadis et naguère* que l'on trouve le célèbre poème « Art poétique », dans lequel Verlaine théorise ses préférences en matière d'écriture poétique :

« De la musique avant toute chose
Et pour cela préfère l'impair
Plus vague et plus soluble dans l'air
Sans rien en lui qui pèse ou qui pose. »

La fin de ce poème est tout aussi célèbre : « Et tout le reste est littérature. »

Œil du cyclone

L'expression être dans *l'œil du cyclone* est bien souvent employée à contresens : la langue courante, qui semble avoir oublié le sens précis de cette locution, en a fait un équivalent d'« être dans la tourmente » . C'est, à tout le moins, faire fi de la science météorologique ! En effet, un cyclone (du grec *kuklos* « cercle ») est une perturbation atmosphérique constituée autour d'une basse pression et dont les vents violents tournoient sur eux-mêmes : ainsi, la zone au centre du tourbillon, appelée *œil*, est-elle calme ; *être dans l'œil du cyclone* devrait donc signifier « être épargné par la tempête ». L'évolution paradoxale de cette expression est sans doute due à l'analogie avec d'autres locutions plus ou moins météorologiques telles qu'*être dans la tourmente* ou *être dans la tempête*.

Évitez de dire : *Le ministre est dans l'œil du cyclone : il va devoir démissionner.*

Dites plutôt : *Le ministre est dans la tourmente : il va devoir démissionner.*

Qui l'eût cru ?

Synonymes tempétueux

Cyclone est le terme scientifique générique correspondant, dans la langue courante, à « tempête ». *Hurricane* (anglicisme) désigne un cyclone en Amérique centrale, tandis que *typhon* s'applique au cyclone des mers de Chine et de l'océan Indien et *ouragan* aux tempêtes tropicales des Caraïbes et du golfe du Mexique… ou quand le lexique constitue un cours de géographie à soi seul ! Quant à la *tornade*, elle est généralement de plus petite dimension que le cyclone (quelques centaines de mètres contre plusieurs kilomètres).

Périple

Si les voyages forment la jeunesse, il leur arrive parfois de déformer le lexique ! C'est, du moins, ce que nous enseigne l'évolution sémantique du nom *périple*.

Issu du grec ancien *periplous* (de *péri* « autour » et *plein* « naviguer ») et introduit dans notre langue au XVIIe siècle, *périple* désigne une navigation autour d'une mer, d'un continent en suivant les côtes, ou, pour le dire en termes latins plus savants, une circumnavigation ; par extension, il peut s'employer pour toute expédition par voie maritime. Si ce sont les Hellènes qui ont inventé le *périple*, ce n'est pas pour rien ! Ce terme convient de manière idoine aux aventures (ou plutôt mésaventures) autour de la Méditerranée d'un certain Ulysse dans *L'Odyssée* : revenant de Troie, le héros grec erre sur les flots pendant dix ans, dans un périple des plus épiques, affrontant mille périls, monstres et péripéties…

Le terme *périple* ne peut donc s'appliquer, *stricto sensu*, à un voyage terrestre – et encore moins à un voyage de longue durée plein d'étapes –, quoique les meilleurs auteurs, et ce dès le XIXe siècle, aient pu l'utiliser avec cette acception (Proust ou Céline, pour ne citer qu'eux). Mais nous ne sommes hélas pas de grands auteurs à qui toute licence semble permise ! Aussi, contentons-nous de remplacer *périple* par « voyage », « circuit » ou encore « tour ».

Évitez de dire : *Après notre périple à travers l'Europe, nous sommes revenus à Paris.*
Dites plutôt : *Après notre circuit à travers l'Europe, nous sommes revenus à Paris.*

Rétorquer

Le verbe *rétorquer* est devenu, dans l'usage courant et même en littérature, le synonyme de « répliquer, répondre en objectant, riposter » : « Comment ! me rétorqua-t-elle, vous n'avez toujours pas lu ce livre ? » En réalité, le sens d'origine, devenu vieilli et littéraire, de *rétorquer* n'est pas tout à fait celui-là…

Rétorquer est issu du verbe latin *retorquere* (« tourner en arrière », « retourner »), dont le supin *retorsum* nous a légué la *rétorsion* (« action de rétorquer »). Le sens précis de *rétorquer* est donc « retourner contre un interlocuteur (les arguments, les raisons dont il s'est servi) ». On rétorque ainsi des arguments, des propos, des raisons, des discours, lesquels peuvent ainsi *se rétorquer* (avec un sens passif) ou *être rétorqués* : « Ce qu'on a dit contre les anges de Milton peut se rétorquer contre les dieux d'Homère » (Chateaubriand, *Génie du christianisme*).

Évitez de dire : *Comment ! me rétorqua-t-elle, vous n'avez toujours pas lu ce livre ?*
Dites plutôt : *Comment ! me repartit-elle, vous n'avez toujours pas lu ce livre ?*

Risquer

Le nom *risque* fait partie de ces termes courants dont l'étymologie n'est pas assurée : d'abord du genre féminin, il fut emprunté au XVIe siècle à l'ancien italien *risco*, sur l'origine duquel les étymologistes se perdent en conjectures : grec byzantin *rhizikon* (« hasard ») ? Latin médiéval *risicus* (« ce qui coupe », « écueil », puis « risque couru par une marchandise transportée par bateau »), dérivé du latin *secare* (« couper ») ? Ou bien latin *rixare* (« se quereller ») ? Mystère… Quoi qu'il en soit, le *risque* contient, depuis le début, la notion de danger ou, du moins, de désagrément.

Il est donc naturel que le verbe *risquer* nous expose à des périls, à des imprévus des plus désagréables et signifie par conséquent « mettre en danger », « hasarder » : « Je vais risquer mon existence à moi pour cette misérable étincelle ! » (Hugo, *Les Misérables*).

Dans la langue courante, *risquer* est le plus souvent accompagné de la préposition *de* et signifie alors « s'exposer à (un danger, une situation désagréable) »… Or, c'est là que le bât blesse ! Car il faut que l'infinitif qui suit présente une connotation péjorative : « En agissant ainsi, il risque encore de se faire mal voir » ; « Cet été, nous risquons d'avoir encore de la pluie ». Aussi vaut-il mieux ne pas utiliser *risquer de* avec un verbe exprimant une nuance positive : « Il risque de faire beau pendant notre voyage » ; « Cette année, il risque d'obtenir enfin son baccalauréat ». Il est préférable d'employer la locution *avoir des chances* : « Cette année, il a des chances d'obtenir enfin son baccalauréat. »

Et selon que vous apprécierez ou jalouserez votre collègue, vous pourrez dire, non sans une certaine subtilité : « Elle a des chances d'obtenir ce poste » ou « Elle risque d'obtenir ce poste » !

Évitez de dire : *Il risque de faire beau pendant notre voyage.*
Dites plutôt : *Il y a des chances qu'il fasse beau pendant notre voyage.*

Sans coup férir

L'admirable expression que voilà ! Ne fleure-t-elle pas doux le Moyen Âge, avec ce verbe *férir* postposé si obscur, mystérieux quant à son sens, mais que l'on pressent séculaire ? À juste titre : cette locution guerrière apparut en français au XIIIe siècle dans les romans de chevalerie.

Issu du latin *ferire* (« frapper », « blesser »), le verbe *férir* fut employé au Moyen Âge et se conjuguait alors sans problème, avant d'être supplanté par ses concurrents « frapper » et « battre ». Depuis le XVIIe siècle, il ne survit plus que dans la locution *sans coup férir*, qui signifie donc littéralement « sans frapper un coup », c'est-à-dire « sans combattre » : « Ainsi sans coup férir je sors de la bataille » (Mathurin Régnier, *Satires*).

Par extension (et par abandon bienheureux de tout sémantisme guerrier), la locution *sans coup férir* en est venue à signifier « sans rencontrer de résistance », « sans difficulté » : « Parbleu ! femme, il nous faut, / Sans coup férir, rattraper cette somme » (La Fontaine, *Le Savetier*).

Toutefois, soyons vigilants : cette expression ne doit pas être employée comme équivalent de « de but en blanc », « brusquement », « à brûle-pourpoint » (quoique cette dernière soit aussi d'origine guerrière !).

Évitez de dire : *Ils nous ont annoncé sans coup férir qu'ils se séparaient.*
Dites plutôt : *Ils nous ont annoncé de but en blanc qu'ils se séparaient.*

Des verbes qui font défection

Férir est un verbe (très) défectif, c'est-à-dire qu'il n'a pas toutes les formes de la conjugaison : il n'existe qu'à l'infinitif (*férir*), mais possède quand même un ancien participe passé devenu adjectif : *féru*. En effet, *férir* eut très tôt le sens figuré de « frapper au cœur », « rendre amoureux » : ainsi, le participe *féru* signifia d'abord « épris, entiché », avant que la passion amoureuse ne se déplaçât sur le terrain des loisirs ou des activités (*être féru d'étymologie*).

Mais *férir* n'est pas le seul verbe défectif, tant s'en faut ! Il en existe bien d'autres, plus ou moins défectifs – vestiges menaçant plus ou moins ruine qui peuvent encore se visiter et s'apprécier :

- *accroire : en faire accroire* (« tromper, berner ») ;
- *apparoir* (« être manifeste ») : *il appert que* (dans le lexique juridique) ;
- *assavoir : faire assavoir* (« faire connaître ») ;
- *bienvenir : se faire bienvenir, être bienvenu* ;
- *chaloir* (« importer ») : *peu me chaut* ;
- *choir* (« tomber ») : rappelons-nous « Tire la chevillette et la bobinette cherra » du *Petit Chaperon rouge* ;
- *clore* (« fermer »), *déclore, éclore, enclore* ;
- *déchoir* (« décliner, s'abaisser ») ;
- *échoir : s'il y échet* (« si l'occasion se présente ») ;
- *émoudre* (« aiguiser ») : *frais émoulu* ;
- *gésir* (« être étendu ») : *ci-gît, un gisant* ;
- *issir* (« sortir ») : *issu* ;
- *messeoir* (« ne pas convenir ») : « Il ne messied pas que vous travailliez » ;
- *occire* (« tuer ») ;
- *quérir* (« chercher ») ;
- *seoir* (« convenir » ; « être assis ») : *il sied, une demeure sise rue…* ;
- *sourdre* (« jaillir »)…

Soi-disant

« Le soi-disant coupable clame son innocence » : cette phrase d'apparence si banale contient un contresens embarrassant !
Formé sur le pronom personnel *soi* et le participe présent *disant*, l'adjectif invariable *soi-disant*, par sa formation même, nous renseigne sur son sens premier, « qui se prétend (à tort) tel ou tel » : « Tandis que je foulais aux pieds les jugements insensés de la tourbe vulgaire des soi-disant grands et des soi-disant sages, je me laissais subjuguer et mener comme un enfant par de soi-disant amis » (Rousseau, *Les Confessions*).

Par conséquent, *soi-disant* ne peut s'appliquer :
- à des choses, des abstractions, des animaux (à moins qu'ils ne parlent !) : *un soi-disant manuscrit de Stendhal, une soi-disant expérience, de soi-disant petits insectes* sont des tournures incorrectes ;
- à des humains qui ne se prétendent pas tels ou tels : *un soi-disant coupable* (à moins qu'il ne revendique sa culpabilité !), *ces soi-disant hypocrites* sont des tournures incorrectes.

Autant dire que, dans l'ensemble, *soi-disant* précède des noms à connotations positives : *cette soi-disant championne, ces soi-disant amis, ce soi-disant héros…*
Dans tous les autres cas, il vaudra mieux employer les adjectifs *prétendu* ou *censé* et les adverbes correspondants *prétendument, censément*.

Évitez de dire : *Le soi-disant coupable clame son innocence.*
Dites plutôt : *Le prétendu coupable clame son innocence.*

Solution de continuité

Certaines locutions s'avèrent parfois surprenantes, voire retorses : *solution de continuité* est de celles-là. Elle signifie – en apparence – le contraire de ce qu'elle semble vouloir dire… Attention, donc, au contresens !
Tout repose sur la polysémie de *solution*. Dans les lexiques techniques, notamment en chimie, ce nom signifie « action de dissoudre » : une solution est ainsi le résultat de la dissolution d'une ou plusieurs molécules dans une autre. C'est donc l'idée de séparation qui prévaut, tout comme dans le latin *solutio* (« désagrégation, décomposition ») dérivé du verbe *solvere* (« délier, dénouer, détacher »).

Par conséquent, dans notre locution, le nom *solution* n'a pas son sens abstrait de « résolution (d'une question, d'un problème) », mais celui, plus concret, de « rupture ». Ainsi, la solution de continuité désigne une interruption (dans la continuité d'une chose concrète ou abstraite) : en médecine par exemple, elle s'applique à la séparation de parties anatomiques qui sont normalement continues. Quant à l'expression *sans solution de continuité*, elle requiert une petite gymnastique intellectuelle, car elle fonctionne un peu comme une double négation : « La passation de pouvoirs s'est faite sans solution de continuité » signifie bien qu'il n'y a pas eu de rupture, d'hiatus, dans ladite passation.

Évitez de dire : *Son discours est tout à fait cohérent : il y a une vraie solution de continuité entre ses arguments.*
Dites plutôt : *Son discours est tout à fait cohérent : il n'y a aucune solution de continuité entre ses arguments.*

Tirer les marrons du feu

La locution *tirer les marrons du feu* est souvent mal comprise : elle ne signifie pas « tirer profit personnel d'une situation délicate », mais au contraire « courir des risques pour le bénéfice d'autrui sans aucun profit personnel ». Il est vrai, au demeurant, qu'elle n'est pas immédiatement compréhensible. À cela, il est une raison simple : elle tire son origine d'une fable de Jean de La Fontaine, « Le Singe et le Chat », dans laquelle Raton (le chat) se fait duper par Bertrand (le singe) :

« Un jour au coin du feu nos deux maîtres fripons
Regardaient rôtir des marrons ;
Les escroquer était une très bonne affaire
Nos galants y voyaient double profit à faire,
Leur bien premièrement, et puis le mal d'autrui.
Bertrand dit à Raton : Frère, il faut aujourd'hui
Que tu fasses un coup de maître.
Tire-moi ces marrons ; si Dieu m'avait fait naître
Propre à tirer marrons du feu,
Certes marrons verraient beau jeu.
Aussitôt fait que dit : Raton avec sa patte,
D'une manière délicate,
Écarte un peu la cendre, et retire les doigts,
Puis les reporte à plusieurs fois ;
Tire un marron, puis deux, et puis trois en escroque.

Et cependant Bertrand les croque.
Une servante vient : adieu mes gens. Raton
N'était pas content, ce dit-on,
Aussi ne le sont pas la plupart de ces Princes
Qui, flattés d'un pareil emploi,
Vont s'échauder en des Provinces,
Pour le profit de quelque Roi. »

Comme on peut le voir, cette fable n'est rien de moins qu'une satire sociale – notamment à l'encontre des nobles et des « princes » –, dans laquelle le poète dénonce la rouerie manipulatrice des uns (le singe) et la cupidité des autres (le chat). Morale cruelle dont se souviendra Zola dans *L'Assommoir* en l'adaptant aux rapports sociaux du XIXe siècle : « Le peuple se lassait de payer aux bourgeois les marrons qu'il tirait des cendres, en se brûlant les pattes. »

Évitez de dire : *C'est un égoïste qui parvient toujours à tirer les marrons du feu.*
Dites plutôt : *C'est un égoïste qui parvient toujours à tirer profit de la situation.*

Qui l'eût cru ?

Ça coule de La Fontaine…

La Fontaine nous a légué, outre maintes morales devenues proverbiales, d'autres expressions tirées de ses fables :
- « Petit poisson deviendra grand » (« Le Petit Poisson et le Pêcheur ») ;
- « Montrer patte blanche » (« Le Loup, la Chèvre et le Chevreau ») ;
- « Aide-toi, le Ciel t'aidera » (« Le Chartier embourbé ») ;
- « Tel est pris qui croyait prendre » (« Le Rat et l'Huître ») ;
- « Le pavé de l'ours », maladresse commise dans l'intention d'aider autrui, mais qui se retourne contre celui que l'on voulait aider (« L'Ours et l'Amateur des jardins »).

II

De quelques confusions et imprécisions

Un mot ne s'emploie pas à la place d'un autre : chacun a un (ou plusieurs !) sens, mais n'est pas interchangeable…

L'imprécision, voire la confusion, menace ! C'est le cas, entre autres, depuis quelques décennies, de certains anglo-américanismes pour le moins envahissants et pas toujours utiles…

Agenda
Alternative
Amener, emmener
Attractif
Basé sur
Clôturer
Complexe, complexifier
Consécutif
Décade
Dédié
Éligible
Encourir
Expliciter
Impétrant
Incongru, saugrenu
Initier
Juste
Majuscule
Méthodologie
Mitigé
Opportunité
Par contre, en revanche
Pied, syllabe
Problématique, thématique
Réalise
Renoncement, renonciation
Rentrer, remplir
Supporter
Tiret, trait d'union

Agenda

Aussi surprenant que cela puisse paraître, le mot *agenda* appartient à cette catégorie déjà bien fournie des anglicismes insoupçonnés, plus précisément des fallacieux « calques sémantiques » : ce sont tous ces mots qui existent et sont déjà bien implantés en français mais qui se voient soudain revêtus de nouvelles significations (porteuses d'ambiguïtés, voire de malentendus), sous l'influence pernicieuse de l'anglo-américanisme en vogue.
Ainsi, *agenda* est certes, à l'origine, un magnifique latinisme. Issu du verbe *agere* (« mener, faire »), la forme *agendum* exprime l'obligation : au pluriel, *agenda* signifie donc littéralement « les choses à faire ». Mais le terme apparut en français dès 1535, avec le sens de « registre où sont consignés les comptes d'une ville ». Très vite, *agenda* prit le sens de « carnet sur lequel on note ce que l'on a à faire », sens qui s'est imposé jusqu'à nous…

Ne nous laissons donc pas influencer par l'anglais : en français, *agenda* n'est pas synonyme de « programme », « emploi du temps » et moins encore d'« ordre du jour ».

De même, on évitera autant que faire se peut les anglicismes *agenda caché* (*hidden agenda*), *agenda secret (secret agenda),* en leur préférant « objectif caché » ou « intentions secrètes ».

Évitez de dire : *La réforme des retraites sera à l'agenda du Conseil des ministres.*
Dites plutôt : *La réforme des retraites sera à l'ordre du jour du Conseil des ministres.*

Qui l'eût cru ?

Des anglicismes pas toujours « cool » !

Les anglicismes sont une tradition de longue date en français et certains sont tellement bien assimilés qu'on ne les reconnaît même plus : *paquebot* (*packet-boat*) ou *redingote* (*riding-coat*), par exemple.
Là où le bât blesse, ce sont, dans la langue contemporaine, les emprunts sans aucun discernement à l'anglo-américain, sans même que l'on essaye – ou si peu – de trouver des remplaçants français convenables. Il y a pis : lorsque nous empruntons un terme anglais alors que le mot français existe déjà : par exemple *coach*, qui a évincé une myriade de termes bien français (appauvrissant par là même le lexique, et donc la pensée) : *professeur, tuteur, entraîneur, mentor, conseiller, guide, répétiteur*… au choix !

Les anglicismes sont de trois ordres :
- l'emprunt lexical : le mot anglais est introduit directement dans notre langue : *cool, buzz, hacker, loser, scoop*… ;
- l'emprunt sémantique : par exemple *alternative*, que nous allons ausculter juste après, ou *opportunité* ;
- l'emprunt syntaxique : plus difficile à déceler, il consiste à importer des tournures de phrases anglaises, par exemple : « Êtes-vous intéressé de venir ? » au lieu de « Cela vous intéresse-t-il de venir ? » ; ou encore : « Je le considère compétent » au lieu de « Je le considère comme compétent » ; ou bien : « La discussion a duré un bon deux heures » au lieu de « La discussion a duré deux bonnes heures. »
Liste non exhaustive, hélas !

Alternative

Le magnifique calque sémantique issu de l'anglais que voilà ! Il est de nos jours tellement omniprésent dans notre langue qu'il nous semble bien difficile d'aller là contre ; l'acception anglaise s'est si bien immiscée et imposée que l'on peine à se rappeler le vrai sens du substantif *alternative* !
Pourtant, il possède un sens bien précis en français. Dérivé de l'adjectif *alternatif* (« présentant une alternance, successif »), *alternative* a d'abord été synonyme d'« alternance » ; mais cette acception est aujourd'hui surannée. À partir du XVIIe siècle, le mot a signifié « obligation de choisir entre deux partis s'excluant mutuellement », « dilemme », comme l'illustre cette phrase de Rousseau (*Du contrat social*) : « Tout peuple qui n'a, par sa position, que l'alternative entre le commerce ou la guerre, est faible en lui-même. »
C'est donc bien à tort que ce nom a emprunté les acceptions anglaises, d'abord de « l'une des deux possibilités d'une alternative », déjà chez Marcel Proust (et dénoncée auparavant par Littré !) : « Il y a ainsi certains états moraux, et notamment l'inquiétude, qui, ne nous présentant que deux alternatives, ont quelque chose d'aussi atrocement limité qu'une simple souffrance physique » (*La Prisonnière*). Ensuite, celle quasi généralisée de « solution de remplacement » : « Dans une guerre, il n'y a pas d'autre alternative que la diplomatie. »
En tout cas, nous, nous avons une solution de remplacement à cet emploi du mot *alternative* !

Évitez de dire : *Nous n'avons pas d'autre alternative que la démission.*
Dites plutôt : *Nous n'avons pas d'autre solution que la démission.*

Amener, emmener

Un verbe aussi simple en apparence qu'*amener* s'avère à bien y réfléchir assez retors : il est souvent confondu avec deux autres verbes : *apporter* et *emmener*. Or, ces trois-là ne sont pas synonymes et chacun revêt des sens bien précis.
Le verbe *apporter,* dérivé de *porter*, a pour sens de base « conduire en un lieu (quelque chose) que l'on peut porter ». On peut donc en déduire, d'une part, qu'*apporter* s'applique à des choses (concrètes ou abstraites) que l'on porte d'un lieu à un autre : « Il nous a apporté des fleurs », « Je leur ai apporté mon soutien » ; d'autre part, que ce verbe peut s'appliquer à des êtres vivants que l'on « porte », par exemple un bébé qui ne marche pas : « J'ai apporté le nourrisson à la clinique. »
Le verbe *amener*, quant à lui, a pour signification essentielle « mener (un être animé) en un lieu ». De cela il découle, d'une part, qu'*amener* s'applique à des êtres vivants que l'on mène, sans les porter : « J'amène tous les jours mes enfants au lycée » ; d'autre part, qu'*amener* peut se dire de choses que l'on déplace sans les porter : « J'ai amené au garage la voiture à réparer. » En outre, *amener* et *apporter* présentent le préfixe latin *ad-*, qui exprime le lieu où l'on va ; pour ces deux verbes, c'est donc le point d'arrivée qui est visé, ce qui implique que l'accompagnateur quitte la personne à l'arrivée : « Amenez vos enfants à cette soirée » (et vous les y laisserez et repartirez).
À rebours, *emmener* et *emporter* insistent sur le point de départ (« prendre avec soi en partant ») ; par conséquent, l'accompagnateur reste avec la personne ou la chose accompagnée : « Emmenez vos enfants à notre soirée » (et vous y assisterez aussi).

Évitez de dire : *Amenez-nous deux bouteilles de vin.*
Dites plutôt : *Apportez-nous deux bouteilles de vin.*

Attractif

Encore un bel exemple de calque sémantique pernicieux et insoupçonné ! Issu du latin *attractivus*, l'adjectif *attractif* s'est vu… attirer irrésistiblement du côté des anglicismes sémantiques…
Attractif signifie d'abord « qui a la propriété d'attirer », au sens concret, notamment en physique, en musique ou en médecine : par exemple, le Soleil exerce une force attractive sur les planètes, les aimants ont un pouvoir attractif sur le fer et « l'oiseau (est) attiré par quelque force attractive du chat » (Montaigne), comme il le serait par magnétisme.
Par contre, mieux vaut éviter de l'employer dans son acception anglaise « qui suscite l'intérêt ou le plaisir » : « Grâce à son dynamisme, cette ville est devenue plus attractive. »

Évitez de dire : *Cette enseigne pratique des prix particulièrement attractifs.*
Dites plutôt : *Cette enseigne pratique des prix particulièrement attrayants / intéressants / avantageux.*

Qui l'eût cru ?

Le verbe *attraire*

Attrayant et *attractif* sont tous deux liés à un ancien verbe, devenu obsolète, *attraire* (du latin *attrahere*, « tirer à soi »), synonyme d'abord d'« attirer », puis d'« exercer une séduction sur » : « (…) n'est-ce pas la dépouiller d'un mot, de tout ce qui constitue la femme, puisque vous n'êtes, vous ne vivez, ne plaisez, n'attrayez que par la sensibilité ? » (Balzac). Dans un registre moins séduisant, *attraire* s'emploie dans la locution juridique *attraire quelqu'un en justice* (« lui faire un procès »).

Basé sur

Littré considérait que le verbe *baser* était un « néologisme fort employé présentement, et qui n'a rien de condamnable en soi, puisque *baser* est formé par rapport à *base* comme *fonder* par rapport à *fond*, mais qui est peu utile, puisque *baser* ne diffère pas sensiblement de *fonder* ».

Depuis le grand Émile, beaucoup d'encre a coulé sous les ponts (des dictionnaires) et *baser* est aujourd'hui entré dans l'usage. Toutefois, il ne doit pas être utilisé à tort et à travers et il est préférable de réserver son emploi au domaine militaire : « Les troupes ont été basées à la frontière. »

De même, au participe passé, on évitera la tournure figurée *basé sur* (calque de l'anglais *based on*) : « Ses arguments ne sont basés sur rien de sérieux. » On lui préférera « fondé, établi, appuyé sur ».

Évitez de dire : *Nous nous sommes basés sur les résultats de plusieurs études.*

Dites plutôt : *Nous nous sommes fondés / appuyés sur les résultats de plusieurs études.*

Qui l'eût cru ?

Basique, mon cher Watson !

Autre anglicisme déconseillé : *basique* au sens de « élémentaire, fondamental » : « Il nous manque des produits basiques. » En effet, *basique* possède en français un sens bien précis, dans les domaines chimique et minéralogique : « qui a les propriétés d'une base » (*réactif, solution, sel basique*) et « qui contient peu de silice et est essentiellement constituée de métaux alcalins et alcalino-terreux » en parlant d'une roche.

Clôturer

Irrégulier et défectif, le pauvre verbe *clore* (« fermer ») a pâti d'une grande désaffection et s'est vu évincer par un dérivé du 1er groupe (régulier) : *clôturer*.

Pourtant, ce dernier possède un sens précis, assez distinct de celui de son aîné, à savoir « entourer d'une clôture » : « Le voisin a clôturé son champ. » Il est donc recommandé ne de pas l'utiliser au sens de « clore », même si on le trouve fréquemment dans des locutions telles que *clôturer la séance, un compte, une journée, les débats* : « Il clôtura la discussion d'un "Fort bien" qui puait le fiel à plein nez » (Courteline). On le trouve aussi, en emploi intransitif, dans le domaine financier : « La Bourse a clôturé en hausse hier. » Dans tous ces cas, l'usage de *clore* (quand il est possible !) est considéré comme meilleur : « Nous avons clos les débats », « Il faut clore la séance ». Et quand la conjugaison fait défaut, rien n'empêche d'avoir recours aux équivalents comme *mettre fin* à ou *terminer*.

Évitez de dire : *Nous avons clôturé la réunion avec trente minutes de retard.*

Dites plutôt : *Nous avons clos la réunion avec trente minutes de retard.*

Qui l'eût cru ?

Une conjugaison close

Le verbe *clore*ne se conjugue plus aujourd'hui qu'aux :

- présent de l'indicatif : *je clos, tu clos, ils closent* ;
- futur de l'indicatif et présent du conditionnel, à toutes les personnes : *je clorai, tu cloras… ; je clorais, tu clorais…* ;
- présent du subjonctif, à toutes les personnes : *que je close, que tu closes…* ;
- présent de l'impératif : *clos !* ;
- au participe présent (*closant*) et au participe passé (et donc à tous les temps composés) : *clos, close(s)*.

Complexe, complexifier

Rien dans le monde d'aujourd'hui n'est simple… mais rien, non plus, n'est « compliqué » ! En revanche, tout paraît « complexe », tout semble « se complexifier ».
Pourtant, *compliqué* et *complexe* ne sont pas synonymes, loin de là ! Mais celui-ci donne des gages de sérieux et de professionnalisme, quand celui-là sonne presque familier, voire péjoratif.
Pourtant, *compliqué* possède une jolie étymologie : il est formé sur le verbe latin *plicare* (« plier »), qui a donné *plier* mais aussi *ployer*. *Compliqué* signifie donc, littéralement, « plié ensemble », puis, au sens figuré, « composé de nombreux éléments variés que leur agencement rend difficiles à comprendre ». Et ce qui est *compliqué* se doit d'être *expliqué* (« déployé, déplié ») !

Complexe, quant à lui, vient du latin *complector* (« embrasser, contenir ») ; est donc *complexe* ce qui « embrasse », « contient » plusieurs éléments différents : on parle ainsi, en mathématiques, de « nombre complexe » et, en grammaire, de « phrase complexe » (phrase contenant plusieurs propositions) ; sans oublier la psychanalyse, où le fameux *complexe* est défini comme l'« ensemble des traits personnels acquis dans l'enfance, doués d'une puissance affective et généralement inconscients ».
Quoi qu'il en soit, nulle notion de difficulté dans *complexe* (et son dérivé *complexifier*) – quelques complications que puisse engendrer le complexe d'Œdipe !
Par conséquent, une question, une idée ou un problème pourront être *complexes* sans être forcément *compliqués*…

Évitez de dire : *Cet exercice de grammaire est trop complexe pour moi !*
Dites plutôt : *Cet exercice de grammaire est trop compliqué pour moi !*

Consécutif

Si l'adjectif *consécutif* est polysémique, il ne doit pas être pris pour un remplaçant élégant de *successif* ! Ainsi, on évitera les phrases du type : « C'est son cinquième jour consécutif d'absence. »

Dérivé du latin *consecutus* (« suivant, venant après »), lui-même issu de *sequor* (« suivre »), *consécutif* ne s'utilise au singulier que dans quelques cas bien particuliers. Tout d'abord, il peut être suivi de la préposition *à* et signifie alors « résultant de » : « Les retombées consécutives à cette campagne ont été considérables. » Dans des domaines plus didactiques, *consécutif* s'emploie seul, avec le sens d'« exprimant une conséquence » : en grammaire, par exemple, les propositions consécutives sont introduites par *si bien que, en sorte que*.

Mais, dans l'usage courant, *consécutif* ne s'utilise qu'au pluriel et a pour sens « qui se suivent immédiatement dans le temps (parfois dans l'espace) » : « Nous ne l'avons pas vu pendant cinq jours consécutifs. »

Au singulier, on préférera recourir à *successif, d'affilée* ou *de suite* : « C'est son cinquième jour successif d'absence. »

Évitez de dire : *C'est notre troisième défaite consécutive en dix jours !*
Dites plutôt : *C'est notre troisième défaite successive / d'affilée / de suite en dix jours !*

Décade

Les révolutionnaires de 1789 eurent à cœur d'harmoniser les systèmes de mesure, afin que, telle la République, ils fussent uns et indivisibles. Ainsi, le 6 octobre 1793 (15 vendémiaire an II), sur décision de la Convention, entrait en vigueur le calendrier républicain en lieu et place du calendrier grégorien. Cette nouvelle mesure du temps reposait sur douze mois, nommés par le poète Fabre d'Églantine (auteur, entre autres, de la célèbre chanson *Il pleut, il pleut, bergère*) d'après le rythme des saisons et les événements naturels qui s'y rapportent.

Quant aux jours, *exit* la semaine (chrétienne) de 7 jours, remplacée par les 10 jours de la *décade républicaine*, formés sur les déterminants numéraux latins et sur la racine *di* (du latin *dies* « jour ») : *primidi, duodi, tridi, quartidi, quintidi, sextidi, septidi, octidi, nonidi, décadi.* Un mois se composait donc de 3 décades, soit 30 jours. Les 5 jours manquant pour arriver à 365 étaient ajoutés à la fin de l'année : c'étaient les « sans-culottides ».

Le mot *décade* lui-même, dérivé du grec *décas, décados* (« groupe de dix »), désigne donc en français une période de dix jours. Il ne doit surtout pas être confondu avec la décennie, durée de dix ans, comme nous l'apprend son étymologie : *decem* (« dix ») + *annus* (« année »).

Une fois encore, ne nous laissons pas induire en erreur par l'usage de l'anglais, dans lequel *decade* est synonyme de « période de dix ans » !

Évitez de dire : *La première décade du XXIe siècle a vu naître nombre de nouvelles technologies.*

Dites plutôt : *La première décennie du XXIe siècle a vu naître nombre de nouvelles technologies.*

Dédié

Dans notre merveilleux monde contemporain, tout semble « dédié ». Cet anglicisme a d'abord transité en français par le non moins merveilleux lexique des informaticiens, avant de s'imposer dans le langage courant : *un serveur dédié, un espace dédié, la fibre dédiée, une touche de téléphone dédiée, un équipement dédié*, c'est-à-dire « conçu pour un usage ou un ensemble de tâches spécifiques ».

Toutefois, ce n'est pas réellement le sens du verbe *dédier* en français ; issu du latin *dedicare*, qui a donné aussi *dédicacer*, il signifie au sens propre « consacrer au culte divin » : Jules César dédia un temple à Vénus afin qu'elle favorisât sa victoire contre Pompée. Par extension et dans un emploi plus littéraire, *dédier* est l'équivalent de « consacrer, dévouer, vouer » : « Elle a dédié sa vie à Dieu », « Nous dédierons tous nos efforts à la communauté ».

Enfin, dans un sens plus restreint, *dédier* s'applique à une œuvre que l'on met sous le patronage de quelqu'un que l'on souhaite ainsi honorer par une inscription imprimée ou gravée : par exemple, Corneille *dédia* sa tragédie *Horace* au cardinal de Richelieu.

Évitez de dire : *Nos utilisateurs disposent d'un espace dédié à leurs publications.*
Dites plutôt : *Nos utilisateurs disposent d'un espace affecté à leurs publications.*

Éligible

De nos jours, nous sommes tous – heureux humains que nous sommes ! – éligibles à pléthore de choses peu ou prou avantageuses : éligibles à la retraite, à la fibre optique, à la prime à la conversion des véhicules, à un contrat d'assurance… Pourtant cette acception, qui s'applique à quelqu'un « remplissant les conditions requises pour bénéficier d'un service, d'un produit, etc. » a tout de l'anglicisme envahissant et omniprésent…

En français, *éligible* possède une signification bien précise… qui n'a rien à voir avec des avantages pécuniaires ni avec les miracles de la technologie moderne ! En effet, cet adjectif est dérivé du verbe *élire*, lequel verbe, certes, fut jadis synonyme de « choisir », sens devenu toutefois obsolète (hormis dans la locution *élire domicile*) : aujourd'hui, *élire* ne s'emploie qu'avec le sens de « désigner à une fonction ou à une dignité par la voie des suffrages ». Par conséquent, l'adjectif *éligible*, qui peut être substantivé, signifie « qui remplit les conditions requises pour se présenter à une élection » : « Est éligible toute personne âgée d'au moins 18 ans. »

Pour contourner cet anglicisme des plus irritants, il faudra donc tourner la phrase différemment : « Vous êtes éligible à la fibre optique », « Vous remplissez les conditions pour l'installation de la fibre optique ».

Évitez de dire : *Vous êtes éligible à la prime d'activité.*
Dites plutôt : *Vous avez droit à la prime d'activité.*

Encourir

« Les risques encourus ne sont pas négligeables. » Que de fois n'a-t-on pas lu ou entendu ce type de phrase ! Et pourtant, au regard de la logique lexicale, elle est fort incorrecte : *encourir* et *courir* se ressemblent, certes, mais ils ne sont pas synonymes. Bien sûr, dire (en toute correction) « les risques courus » nous semble à l'oreille quelque peu bancal, disgracieux, incomplet… et pourtant ! C'est bien là la seule tournure exacte.

Appartenant au lexique juridique, *encourir* signifie « s'exposer à (une peine, une sanction »), « être passible de » : *encourir une amende, une peine de prison, la peine de mort*. Par extension, on peut *encourir un blâme, une réprimande, la critique, le mépris, la vengeance* – bref, toujours quelque chose de fâcheux, de dangereux : « Il estime que le plus mortel reproche que puisse encourir une jeune revue, c'est d'être pudibonde » (Gide, *Les Faux-Monnayeurs*).

Mais l'on n'aura garde d'employer *encourir un risque*, hybride maladroit et pour ainsi dire pléonastique *de courir un risque* et *encourir* (qui signifie déjà plus ou moins « risquer ») !

Évitez de dire : *Les risques encourus ne sont pas négligeables.*
Dites plutôt : *Les risques courus ne sont pas négligeables.*

Qui l'eût cru ?

Il s'est ensuivi qu'il s'en est allé

L'adverbe et le préfixe *en* semblent des plus facétieux et aiment à nous jouer des tours… Témoin les deux verbes *s'ensuivre* et *s'en aller*, victimes d'erreurs diamétralement opposées (décidément, combien l'usage peut se montrer contrariant !).

Le premier a la fâcheuse tendance, dans l'usage courant, à voir son préfixe se détacher quand on le conjugue aux temps composés : or, il faudrait bien dire « il s'est ensuivi quelques difficultés » et non : « Il s'en est suivi quelques difficultés. »

Le second, pour sa part, voit son *en* resté obstinément collé au participe dans la conjugaison des temps composés : or, la tournure correcte est bien « Les enfants s'en sont allés » et non, comme on l'entend souvent : « Les enfants se sont en allés. »

Expliciter

Expliquer et *expliciter* ont certes la même étymologie latine : *explicitus*, pour le premier, participe passé d'*explicare*, qui a fourni le second. Le verbe latin signifiait « déplier, déployer », d'où « démêler », « exposer clairement » : ou quand l'explication est vue comme un manuscrit que l'on déroule et qui s'offre alors à nous dans toute sa chatoyante complexité… Qui a dit que les Romains ne furent que des conquérants brutaux et sans délicatesse ?

Quoi qu'il en soit, les deux verbes possèdent en français deux sens certes proches, mais pas tout à fait équivalents. D'emploi courant, *expliquer* signifie d'abord « faire comprendre nettement par un développement » *(expliquer ses idées),* puis, plus précisément, « faire comprendre clairement (quelque chose qui paraît obscur, vague, inconnu) » : « Il me montrait des acquisitions nouvelles qu'il avait faites et m'en expliquait l'intérêt, mais l'émotion, jointe au manque d'habitude d'être encore à jeun à cette heure-là, tout en agitant mon esprit y faisait le vide » (Proust, *À l'ombre des jeunes filles en fleurs*).

Apparu à la fin du XIXe siècle, *expliciter* est d'un usage plus spécifique, essentiellement dans le vocabulaire juridique, où il est synonyme d'« énoncer formellement, complètement, sans ambiguïté ». Plus largement, il ne peut s'employer qu'avec le sens de « formuler clairement et précisément » (ce qui est implicite) : « Cette clause mérite d'être explicitée. »

Mais il est vrai qu'*expliquer* pâtit depuis quelque temps d'une désaffection sans doute due à sa banalité, quand *expliciter* resplendit de toute sa majestueuse technicité…

Évitez de dire : *Je vais expliciter les tenants et les aboutissants de notre projet.*
Dites plutôt : *Je vais expliquer les tenants et les aboutissants de notre projet.*

Impétrant

Il en est de mots comme de certains humains : certains en imposent plus que d'autres… et parfois de la manière la plus spécieuse qui soit ! Ainsi du substantif *impétrant(e)*, qui sonne terriblement solennel et savant – donc élégant.

Au départ, il y a le latin *impetrare* (« obtenir »), qui a donné le verbe *impétrer*, d'usage très restreint, même dans le lexique juridique, où il signifie « obtenir par une requête de l'autorité compétente » : *impétrer une faveur, un privilège, un titre, une charge, un bénéfice ecclésiastique*. Dans le domaine religieux, il s'emploie aussi avec le sens d'« obtenir de Dieu » : *impétrer la grâce*.

Par conséquent, l'*impétrant(e)* est, dans les vocabulaires juridique et administratif, celui ou celle qui a obtenu quelque chose, le (la) bénéficiaire : « Contre l'usage, le pape lui (à Rabelais) octroya gratis et sans dépens la composition des bulles d'absolution. Il n'en coûta à l'impétrant que l'expédition » (Anatole France, *Rabelais*). Plus spécialement, *impétrant(e)* désigne la personne qui a obtenu un diplôme universitaire : « Le diplôme sera remis contre signature de l'impétrant. »

Impétrant n'est donc nullement synonyme de « candidat, postulant », comme le veut un usage récent et pour le moins cuistre…

Évitez de dire : *Les impétrants à l'entretien d'embauche seront reçus demain.*
Dites plutôt : *Les candidats à l'entretien d'embauche seront reçus demain.*

Incongru, saugrenu

Ces deux adjectifs sont souvent employés l'un pour l'autre, comme s'ils étaient peu ou prou synonymes… ce qui n'est pas le cas !

Incongru est l'antonyme de *congru*, adjectif devenu rare aujourd'hui et qui signifiait « adéquat, approprié » (on ne le trouve plus guère que dans l'expression *la portion congrue*, qui désignait à l'origine la pension annuelle modeste que payait le bénéficiaire d'une paroisse au prêtre, avant de s'appliquer, dans la langue courante, à une quantité de ressources, de revenus à peine suffisante pour subsister). Par conséquent, *incongru* est synonyme de « déplacé, inconvenant, malséant » : un *bruit incongru* désigne, par euphémisme, un rot ou un pet. Dans un emploi vieilli, *incongru* se dit aussi de personnes manquant de savoir-vivre : « Le moyen de bien recevoir des gens qui sont tout à fait incongrus en galanterie ? » (Molière, *Les Précieuses ridicules*).

Saugrenu est un adjectif à l'étymologie étonnante : il est formé sur *sau-*, déformation de *sal* (« sel ») et sur *grenu*, issu de *grain*. Il était ainsi presque naturel que *saugrenu* en vînt à qualifier quelque chose ou quelqu'un d'inattendu… mais en mauvaise part, en l'occurrence ! *Saugrenu* est ainsi synonyme de « surprenant, bizarre, illogique et un peu ridicule ou absurde » : « Aucun homme sensé n'aura jamais l'idée saugrenue d'apprendre les lois de l'honneur chez Nicolas Machiavel ou Lénine » (Bernanos, *Les Grands Cimetières sous la lune*).

Évitez de dire : *Ses remarques sont souvent incongrues et drôles.*
Dites plutôt : *Ses remarques sont souvent saugrenues et drôles.*

Initier

Encore un bel exemple d'anglicisme sémantique des plus sournois ! *Initier* se voit de plus en plus utilisé avec le sens de « commencer, entamer, engager, lancer » : *initier un projet, une conversation, une enquête…* Or, c'est là la signification de l'anglais *to initiate* (« commencer »), mais non celle du verbe français, quoique le nom *initiative* et la locution *prendre l'initiative* puissent le laisser penser…

Issu du latin *initium* (« commencement, début »), *initier* a d'abord signifié, dans les religions antiques, « admettre à la connaissance des mystères, à la participation aux cérémonies secrètes, au nombre des participants au culte d'une divinité » : ainsi, les Grecs et les Romains se voyaient *initiés* aux mystères de Déméter ou de Dionysos, par exemple.

Par une première extension de sens, *initier* s'est appliqué à la révélation de savoirs ésotériques, de choses cachées, difficiles, mystérieuses, réservées à quelques *initiés* : l'alchimie, la franc-maçonnerie, par exemple, ou, plus largement, des secrets et des arcanes.

Enfin, le sens le plus courant est celui d'« enseigner les rudiments » (d'une science, d'un art, d'une technique) : « Si j'étais initié dans les mystères de l'art, je saurais peut-être jusqu'où l'artiste doit s'assujettir aux proportions reçues » (Diderot, *Essai sur la peinture*).

Évitons donc de donner du *initier* à tout va : les remplaçants du *initier* anglicisant sont suffisamment nombreux !

Évitez de dire : *C'est nous qui avons initié ce projet.*
Dites plutôt : *C'est nous qui avons lancé / pris l'initiative de ce projet.*

Juste

Parmi tant d'autres, un tic de langage omniprésent s'est fait jour voilà quelques années : celui qui consiste à utiliser, sous l'influence de l'usage anglophone, l'adverbe *juste* au sens de « vraiment », « franchement ». Autour de nous, ce ne sont plus que : « Il est juste génial ! », « Elle est juste incroyable ! », « C'est juste formidable ! »… Voilà qui est *franchement* horripilant !
Rappelons donc que *juste*, s'il est d'une grande richesse sémantique en français, n'a jamais présenté cette signification. En tant qu'adverbe, il reprend les emplois de l'adjectif *juste* (hormis l'idée de justice et de bon droit, prise en charge par le dérivé *justement*).

Tout d'abord, il sert à exprimer l'idée de justesse, d'exactitude : *chanter juste, penser juste, voir juste*, par exemple, c'est-à-dire « comme il convient », « sans erreur ».
Ensuite, il permet d'insister sur la précision : *viser juste* ; il est alors synonyme de « précisément », « exactement » : « Il est midi juste », « Elle vient juste de partir », « Nous sommes juste à côté », « C'est juste le contraire ».
Enfin, il peut marquer la notion d'étroitesse, de restriction, et équivaut alors à « seulement », « à peine », « de justesse » : « Nous sommes juste amis », « Je vais vous le dire juste une fois », « Il est arrivé juste quelques minutes en retard ».

Ainsi, la phrase « C'est juste génial » signifie normalement « C'est à peine génial »… Ce qui, on le conçoit bien, se révèle un peu paradoxal.

Évitez de dire : *C'est juste incroyable !*
Dites plutôt : *C'est franchement incroyable !*

Qui l'eût cru ?

Des tics qui rendent toc-toc

Bien sûr, la langue a eu à toutes les époques des « tics de langage », dont certains sont parfois devenus l'usage contemporain. La différence, c'est qu'aujourd'hui ces réflexes linguistiques machinaux trouvent dans les médias et les réseaux sociaux des caisses de résonance qui les imposent avec une incroyable célérité et les rendent très vite hégémoniques, omniprésents, inévitables… À tel point qu'on en oublierait presque qu'il existait d'autres façons de s'exprimer avant eux !
Petit florilège :
- *du coup*, au lieu de *par conséquent, de ce fait* ;
- *au final*, au lieu de *finalement, en fin de compte, au bout du compte, en définitive* ;
- les adverbes à valeur intensive *grave gentil, gentil de ouf, trop gentil* au lieu de *très / extrêmement / incroyablement gentil* ;
- *y a pas de souci !* au lieu de *je vous en prie* ;
- *j'étais en mode énervé*, au lieu de… rien du tout : *j'étais énervé* ;
- *genre* qui sert de ponctuation au début, au milieu de la phrase, mais peut très bien être supprimé ;
- *j'ai envie de dire* : inutile de le préciser, dites-le tout simplement !

Majuscule

Le mot *majuscule* est assez surprenant du point de vue étymologique : il contient tout ensemble l'idée de grandeur (*majus*, issu du comparatif latin *major,* « plus grand ») et celle de petitesse (-*culus* est un suffixe diminutif, comme dans *opuscule*, *clavicule* ou *pellicule*). En latin, *majusculus* signifiait « un peu plus grand ».

Car les *majuscules* sont « un peu plus grandes » que les *minuscules*. Du reste, celles-ci n'apparurent que tardivement : ce n'est qu'à partir de la fin du VIIIe siècle, sous le règne de Charlemagne, que furent créées les minuscules. Dans l'Antiquité, les textes étaient écrits entièrement en capitales, puis, quand les langues romanes se développèrent, on commença d'employer, entre le IVe siècle et le IXe siècle, des lettres capitales légèrement plus arrondies, que l'on nomma des « onciales » (du latin *uncialis*, « d'un douzième [de pied] », c'est-à-dire « d'un pouce »).

Mais à l'époque de Charlemagne, les copistes et les clercs durent faire face à une inflation de textes à copier à la main ! La « minuscule caroline », descendante de l'onciale, allait s'avérer d'une aide précieuse, tant du point de vue de la rapidité d'écriture que de la lisibilité. Afin de marquer le début d'un ouvrage, d'un chapitre, d'un chant, d'un vers, d'une phrase, on utilisa toutefois une lettre un peu plus grande que les autres : la *majuscule*. Celle-ci se trouve donc toujours au début d'une phrase ou d'un nom propre et répond à des règles orthographiques.

Ce n'est pas le cas de la *capitale*, qui désigne simplement n'importe quelle lettre plus grande que les « petites » lettres (appelées *bas de casse* en typographie : la *casse* était la boîte sans couvercle divisée en cassetins où étaient rangés les caractères d'imprimerie ; les caractères les plus courants, à savoir les minuscules, étaient placés dans le bas de la casse).

Et même si ces deux termes ont tendance à devenir interchangeables aujourd'hui, *majuscule* ayant les faveurs de l'usage quotidien et *capitale* étant souvent réservé aux spécialistes de la typographie, sachons néanmoins qu'ils ne sont pas synonymes ; ainsi, dans le fameux incipit du roman de Flaubert *Salammbô,*

« C'ÉTAIT À MÉGARA, FAUBOURG DE CARTHAGE, DANS LES JARDINS D'HAMILCAR »,

on ne trouve que quatre *majuscules* (ici soulignées), tout le reste étant écrit en petites *capitales*.

Évitez de dire : *Écrivez votre nom et vos coordonnées en majuscules.*
Dites plutôt : *Écrivez votre nom et vos coordonnées en capitales.*

Qui l'eût cru ?

Faites un peu d'espace !

Le nom *espace* hésita longtemps entre le masculin et le féminin (il fut même très souvent féminin jusqu'au XVIe siècle). Témoin de ces flottements génériques, l'emploi de ce nom au féminin en typographie *(une espace)* pour désigner un blanc entre les mots.

Méthodologie

L'époque est aux mots imposants, techniques, qui assoient une autorité irréfragable… du moins en apparence ! Ainsi en va-t-il des cinq syllabes de *méthodologie*, beaucoup plus majestueuses et savantes que le banal nom *méthode*, bien maigrichon avec ses deux syllabes… Pourtant, si celui-ci s'est vu plus ou moins évincé par celui-là, ces deux substantifs ne sont pas interchangeables. *Méthode* est issu du grec *methodos* (« poursuite », puis « recherche, investigation »), formé sur *méta*- (« vers ») et *hodos* (« route », « manière de faire quelque chose »), que l'on retrouve dans *exode*, *période* ou *épisode*. En français, *méthode* est d'un emploi fréquent et offre plusieurs acceptions, plus ou moins scientifiques ; mais toutes ressortissent à la notion de « recherche ou moyen rationnels pour parvenir à un but », depuis le *Discours de la méthode,* de Descartes – où le sens est celui d'un « ensemble de démarches que suit l'esprit pour découvrir et démontrer la vérité » – jusqu'aux acceptions plus vagues et courantes de « procédé, moyen » *(la bonne vieille méthode),* voire de « manière d'agir, de se conduire » *(à chacun sa méthode). Méthodologie* est d'un usage beaucoup plus restreint ; la racine -*logie* est empruntée au grec *logos*, qui possède moult sens : « parole », « parole organisée » d'où « discours », d'où « science », voire « logique » (ce qui explique qu'on la rencontre, entre autres, dans quelque deux cents spécialités scientifiques, des plus anciennes aux plus récentes : *archéologie, hépatologie, ophtalmologie, docimologie, collapsologie* ou même *bobologie*). Ainsi, *méthodologie* n'est pas synonyme de « méthode, manière de procéder », mais désigne la partie d'une science qui étudie les méthodes de recherche et d'analyse qui lui sont propres.

Évitez de dire : *Pour les convaincre, nous devons adopter une autre méthodologie.*
Dites plutôt : *Pour les convaincre, nous devons adopter une autre méthode.*

Mitigé

Mitigé fait partie de ces mots si courants et si bien implantés dans l'usage quotidien que l'on s'étonne d'apprendre que ledit usage est fautif – du moins au regard de l'étymologie et des siècles d'emploi qui nous ont précédés…
Au départ, il y a le verbe latin *mitigare* (« adoucir »), dérivé de l'adjectif *mitis* (« doux »), qui nous a fourni *mitiger*, verbe devenu suranné signifiant « rendre moins rigoureux, adoucir, tempérer » : « Il me semblait que mon homme se mitigeait, qu'il était plus flatteur que zélé, plus généreux que charitable » (Marivaux, *La Vie de Marianne*).

Par conséquent, le participe-adjectif *mitigé* signifia d'abord « adouci, atténué » : « Asie, cette savante Locuste, lui avait fait prendre un poison mitigé de manière à produire le semblant d'une maladie mortelle » (Balzac, *Splendeurs et misères des courtisanes*). Mais cette acception est quelque peu désuète. Seul a survécu de nos jours le sens figuré « moins strict, moins rigoureux » : Voltaire parle ainsi, en Hollande, de « républicains rigides » opposés à des « républicains mitigés » et, dans le domaine juridique, une *peine mitigée* est inférieure à celle que prévoit normalement la loi.
L'évolution sémantique vers l'idée de mélange et de réserve s'explique assez bien par l'influence de *mi-* (« moitié ») que l'on entend dans *mitigé* : « Son avis est mitigé » en est venu à signifier, de manière erronée, « son avis est mi-bon, mi-mauvais, mêlé, partagé ».

Évitez de dire : *Ce film a reçu un accueil très mitigé.*
Dites plutôt : *Ce film a reçu un accueil très partagé.*

Opportunité

Parmi tous les calques sémantiques de notre langue, s'il ne devait en rester qu'un, ce serait celui-là ! *Opportunité* a pris en français, chez la plupart des locuteurs, le sens d'« occasion, circonstance opportune », sous l'influence de l'anglais *opportunity*, à telle enseigne qu'il semble difficile – pour ne pas dire impossible – de revenir en arrière en lui rendant sa véritable signification.

Issu du latin *opportunitas* de même sens, le nom *opportunité* désigne le caractère opportun, l'à-propos de quelque chose : « Nous parlâmes ensuite de l'opportunité de créer une nouvelle revue qui groupât les forces intellectuelles et morales de la France libre ou combattant pour l'être » (Gide). On trouve ce substantif dans les locutions *avoir le sens de l'opportunité* et *d'opportunité* (« des gaullistes d'opportunité »)… et c'est bien là que le bât commence à blesser ! Le sens métonymique choisi par l'anglais n'est dès lors plus très loin : l'on passe aisément du caractère opportun d'une circonstance à la circonstance en elle-même. Cet emploi, critiqué, est assez ancien, puisqu'on le rencontre déjà sous la plume d'un Baudelaire traduisant Edgar Poe : « Il semblait à mon ami que la création du jardin-paysage offrait à une Muse particulière la plus magnifique des opportunités » (« Le Domaine d'Arnheim »).

Tâchons toutefois de ne point succomber à cet anglicisme très en vogue, puisque les remplaçants ne manquent pas : *occasion, possibilité, perspective*.

Évitez de dire : *Je n'ai jamais eu l'opportunité de lui parler.*
Dites plutôt : *Je n'ai jamais eu l'occasion de lui parler.*

Par contre, en revanche

Voilà peut-être l'une des plus célèbres querelles de grammairiens… Et, certes, le cas est des plus épineux, tant de choses plus ou moins exactes ayant été proférées au sujet de ces deux locutions adverbiales… *Par contre* est vilipendé de longue date par maints puristes ; il semblerait d'ailleurs que la toute première condamnation fût le fait d'un certain Voltaire. Mais la locution est plus ancienne : elle serait apparue au XVIe siècle et se serait très vite imposée, *via* le latin, en anglais *(per contra)* et en italien *(per contra)*. C'est donc l'apôtre de la tolérance qui, le premier, en 1737, n'en fit guère preuve à l'endroit de notre *par contre*. Quelque cent cinquante ans plus tard, le grand Littré reprit l'anathème à son compte, en le mitigeant toutefois : si, selon lui, elle ne se justifie pas logiquement, elle a tout de même la logique grammaticale pour elle. Il conclut cependant qu'« il convient de suivre l'avis de Voltaire et de ne transporter cette locution hors du langage commercial dans aucun style ». Quant à l'Académie française, après l'avoir vigoureusement combattue jusqu'au siècle dernier, elle semble s'être adoucie à son égard et invoque de nombreux excellents écrivains l'ayant employée : Stendhal, Anatole France, Proust, Giraudoux, Bernanos, Saint-Exupéry, Gide, entre autres. Toutefois, elle la déconseille à chaque fois qu'il est possible de la remplacer par un autre adverbe… C'est d'ailleurs Gide qui défend le mieux notre locution malaimée, car *par contre* et *en revanche* ne sont pas équivalents, explique-t-il : *en revanche* signifie « en contrepartie », « en compensation » et doit donc introduire un avantage : « Il est bête, en revanche il est gentil », l'inverse étant incorrect (« Il est gentil, en revanche il est bête ») et imposant dès lors l'usage de *par contre*… Bref, employons *en revanche* pour introduire un avantage. Évitons *par contre*, quand c'est possible, et remplaçons-le alors par *au contraire, à rebours*. Et utilisons *par contre* dans tous les autres cas !

Évitez de dire : Son collègue est sympathique, en revanche il est plutôt incompétent.
Dites plutôt : Son collègue est sympathique, par contre / mais d'un autre côté, il est plutôt incompétent.

Pied, syllabe

Il n'est pas rare, même chez des gens très compétents ou cultivés, d'entendre : « Ce vers a neuf pieds. » C'est là un abus de langage fréquent.

En réalité, il n'existe pas de *pied* dans la prosodie française : il n'y a que des *syllabes*, quelque tristement banal que ce terme nous paraisse… Dans le vers classique, l'on compte bien le nombre de syllabes : six pour l'hexasyllabe, sept pour l'heptasyllabe, huit pour l'octosyllabe, neuf pour l'ennéasyllabe, dix pour le décasyllabe, douze pour le roi des vers, le dodécasyllabe, plus connu sous le nom d'« alexandrin » (appelé ainsi d'après le *Roman d'Alexandre*, poème du XIIe siècle composé en vers de douze syllabes).

En revanche, on parle bien de pied dans la prosodie gréco-latine : il y désigne un ensemble de syllabes de valeur déterminée par la quantité (brève ou longue) et l'accentuation. Car, dans l'Antiquité, point de rimes en poésie, mais une alternance de syllabes longues et brèves donnant un rythme mélodique au vers ! Et ces groupes de syllabes, commandés par la longueur ou la brévité des voyelles, répondent à de doux noms, tel le « dactyle », qui signifie « doigt » (une longue, deux brèves… comme les phalanges d'un doigt !), et qui, groupé par six, constituait le vers favori de la poésie épique, l'hexamètre dactylique, que l'on trouve par exemple dans *L'Iliade* et *L'Odyssée*.

On parle aussi de pied dans la métrique de certaines langues vivantes qui possèdent elles aussi des syllabes longues ou brèves, comme l'anglais ou l'allemand : Shakespeare et John Keats, Goethe et Schiller, par exemple, écrivirent des poèmes en pentamètres iambiques, soit cinq iambes (pieds de deux syllabes, une brève suivie d'une longue).

Évitez de dire : *L'alexandrin est un vers de douze pieds.*
Dites plutôt : *L'alexandrin est un vers de douze syllabes.*

Qui l'eût cru ?

La métrique, c'est le pied !

La *prosodie* consiste à déterminer, en poésie, les caractères quantitatifs (durée) et mélodiques des sons.
La *métrique* est l'étude de la versification, notamment de l'emploi des mètres.
Un *mètre* est, dans la poésie grecque, un groupe de deux (ou trois) pieds : un trimètre est formé de trois pieds, un pentamètre de cinq, un hexamètre de six, etc.
Parmi les pieds de la poésie gréco-latine, on trouve :
- l'iambe : une brève + une longue ;
- le pyrrhique : deux brèves ;
- le trochée : une longue + une brève ;
- le spondée : deux longues ;
- le dactyle : une longue + deux brèves ;
- le tribraque : trois brèves ;
- l'amphibraque : une brève, une longue, une brève ;
- l'anapeste : deux brèves, une longue.

Et encore bien d'autres, avec des pieds allant jusqu'à quatre, voire cinq syllabes !

Problématique, thématique

Une certaine propension à l'élégance et à la cuistrerie nous pousse à utiliser de plus en plus de mots « longs » quand le terme adéquat nous semble trop trivial. C'est le cas par exemple des noms *problématique* et *thématique*, qui ont la fâcheuse tendance à évincer les banals *problème* et *thème*.

Or *problème* et *problématique* ne sont en rien équivalents : si celui-là désigne tout bêtement une question, une difficulté qu'il faut résoudre, celle-ci, d'emploi didactique, représente d'abord, en épistémologie, la science de poser les problèmes, comme dans cette citation de *L'Homme révolté,* de Camus : « Si, dans le monde sacré, on ne trouve pas le problème de la révolte, c'est qu'en vérité on n'y trouve aucune problématique réelle, toutes les réponses étant données en une fois. »

Par extension, la problématique désigne ensuite un ensemble de problèmes qui se posent dans un domaine déterminé : « Le gouvernement devra s'attaquer à la problématique de l'emploi : chômage, cotisations, formation, retraite… »

La même différence se retrouve, *mutatis mutandis*, entre *thème* et *thématique* : la thématique n'est pas un thème plus long de deux syllabes, mais bien un ensemble cohérent de thèmes propres à une époque, une œuvre, un artiste… : « Nous étudierons la thématique de la mort chez Mallarmé. »

Utiliser des mots savants, oui ! À bon escient, c'est toujours mieux…

Évitez de dire : *Nous devons régler rapidement cette problématique.*
Dites plutôt : *Nous devons régler rapidement ce problème.*

Réaliser

Réaliser fait partie de la catégorie assez nombreuse des calques sémantiques dus à l'anglais. Déjà présent au XIXe siècle, avec le sens de « prendre conscience, s'apercevoir, se rendre compte, comprendre, saisir » (les synonymes ne manquent pas !), il n'en demeure pas moins un anglicisme – quoiqu'il soit tellement courant qu'on ne le perçoit plus comme tel.

Réaliser est dérivé de *réel*, par l'intermédiaire du latin *realis* : au sens premier, *réaliser*, c'est donc « rendre réel », « faire exister réellement ». Et c'est dans le domaine du droit que ce mot apparut d'abord, dès le XVe siècle, dans des expressions du type *réaliser un contrat*. Plus spécialement, *réaliser* s'emploie dans des locutions pécuniaires, avec le sens de « convertir en argent » : *réaliser une vente, un achat, un actif* et, par extension, *réaliser des profits, des bénéfices, des économies*.

De cette acception découlent tous les emplois de la langue courante, où *réaliser* est synonyme de « accomplir, exécuter, effectuer » : réaliser des travaux, un programme, une promesse, une menace, un vieux rêve…

Quoi qu'il en soit, s'il est attesté depuis plus d'un siècle – et chez de très bons auteurs, qui plus est : Gide (qui le défendit bec et ongles), Montherlant, Mauriac, Aragon, Sartre, Le Clézio… –, l'anglicisme *réaliser* (« se rendre compte ») est aussi l'un des plus critiqués ! Cet emploi peut d'ailleurs se révéler embarrassant car ambigu, comme le montre l'exemple cité par Grevisse : « L'état-major a pleinement réalisé les intentions ennemies », phrase imprimée pendant la Première Guerre mondiale et qui créa, on s'en doute bien, un sacré scandale !

Évitez de dire : *J'ai soudain réalisé que je n'avais rien compris.*

Dites plutôt : *J'ai soudain pris conscience que je n'avais rien compris.*

Renoncement, renonciation

Voilà quelques années, l'on a glosé sur le « renoncement » d'un président de la République qui ne souhaitait pas se représenter… C'était confondre le *renoncement* et la *renonciation*, tous deux dérivés du verbe *renoncer*, certes, mais présentant des acceptions quelque peu différentes – du moins dans l'usage actuel, car ce ne fut pas toujours le cas, notamment dans la langue classique.
Apparu au XIIe siècle, *renoncement* ressortit plutôt aux domaines moral et spirituel ; il s'agit de renoncer (à un agrément) par un effort volontaire et, en général, au nom d'une valeur jugée plus haute : « La vertu politique est un renoncement à soi-même, qui est toujours une chose très pénible » (Montesquieu, *De l'esprit des lois*). En emploi absolu, *renoncement* est le quasi-synonyme d'« abnégation », de « sacrifice de soi » ainsi que de « détachement » et de « dépouillement » (*vivre dans le renoncement*) ; cela se traduit, dans le domaine religieux, par l'abandon des biens et des êtres de ce monde : « C'était une musique toute religieuse qui conseillait le renoncement à la terre » (Mme de Staël, *Corinne*).

Attesté à partir du XIIIe siècle, le nom *renonciation* est, pour ainsi dire, plus « concret » que son aîné : il désigne, dans le lexique juridique, le fait de renoncer à un droit ou à une charge (*une renonciation à succession* ou *la renonciation au trône,* par exemple) ; plus largement, dans la langue courante, la renonciation concerne l'abandon de quelque chose : la renonciation à une opinion, à un projet… ou à se présenter à une élection !

Évitez de dire : *Votre renoncement à mener ce projet à bien nous a déçus.*
Dites plutôt : *Votre renonciation à mener ce projet à bien nous a déçus.*

Qui l'eût cru ?

Suffixes pas très fixes…

Renoncement / renonciation n'est pas le seul couple qui nous fasse hésiter… Dans le même genre, le prolongement implique la notion d'espace (*le prolongement d'une route*), alors que la prolongation sous-entend la notion de temps (*la prolongation d'un contrat, jouer les prolongations*).
Ne confondons pas la dentition (« formation et croissance des dents ») et la denture (« ensemble des dents »).
N'utilisons pas *efficient* (« qui produit un effet », en philosophie : cause efficiente) avec son sens anglais, à la place de *efficace*.
De même, ne remplaçons pas *expérience* par *expertise* en donnant à ce dernier le sens anglais de « compétence, savoir-faire », sens qu'il n'a pas en français.
Distinguons aussi :
- la *tendresse* (« affection ») et la *tendreté* (de la viande) ;
- la *largeur* (d'esprit) et la *largesse* (« générosité ») ;
- la *lâcheté* (« veulerie, couardise ») et la *laxité* (« état de ce qui est distendu »).

Rentrer, remplir

Ainsi en va-t-il de certains verbes : leur forme d'origine ne suffit plus à exprimer pleinement leur signification ; nous ressentons le besoin de leur ajouter un petit supplément. C'est ce qui est arrivé, par exemple, au très joli (mais très suranné) verbe *étrécir* : « Il semble, mon cher ***, que les têtes des plus grands hommes s'étrécissent lorsqu'elles sont assemblées ; et que, là où il y a plus de sages, il y ait aussi moins de sagesse » (Montesquieu, *Lettres persanes*). *Étrécir* fut renforcé par le préfixe *r(e)*- en *rétrécir*, qui l'a finalement évincé. Le même phénomène s'est produit avec le couple *emplir / remplir* et, plus récemment, avec *entrer / rentrer*.

À l'origine, le verbe *emplir* suffisait à exprimer l'idée de « rendre plein » et son préfixé *remplir* signifiait « emplir de nouveau » ; mais, très vite, celui-ci est devenu un simple synonyme, qui a fini par le supplanter : « Et leur sang parmi nous conservant leurs erreurs, / Nous remplissons le ciel de tous nos empereurs » (Corneille, *Polyeucte*). Il a même acquis certaines acceptions qu'*emplir* n'a pas : *remplir une fonction, un rôle, ses obligations*... En sorte qu'aujourd'hui, *emplir* ne s'emploie plus guère que dans une langue archaïsante ou littéraire.

C'est que le préfixe *re-*, s'il sert à marquer la répétition, peut aussi présenter une valeur expressive ou intensive : c'est sans doute pour cette raison qu'*étrécir* et *emplir* sont devenus *rétrécir* et *remplir*...

Et c'est sans doute ce qui est en train d'arriver à *entrer* et *rentrer*. Ce dernier signifie normalement « entrer de nouveau » ou « revenir » : « Après le travail, il ne rentre pas tout de suite chez lui », « Elle est rentrée dans le droit chemin ». Mais il peut aussi s'employer avec une valeur intensive ou expressive, avec une nuance d'effort face à une résistance : « La voiture nous est rentré dedans », « Je vais te faire rentrer ça dans la tête », « C'est le métier qui rentre ! », « Cela ne rentrera jamais dans mon cartable », « Il ne rentre dans aucune catégorie ». Ou bien dans quelques emplois spéciaux : « L'argent ne rentre plus dans les caisses de l'État », par exemple.
En tout état de cause, on évitera autant que possible d'utiliser *rentrer* à la place d'*entrer* quand il s'agira de passer tout bêtement à l'intérieur d'un lieu !

Évitez de dire : *Leur fils rentre en terminale.*
Dites plutôt : *Leur fils entre en terminale.*

Supporter

Les amateurs de sport le savent bien : ce sont des *supporters* – ou *supporteurs, supportrices*, dans la version francisée – et ils *supportent* leur équipe favorite… À ce détail près que le verbe supporter est un calque sémantique issu, une fois encore, de la langue de Shakespeare.

Verbe dérivé de *porter*, le verbe *supporter* apparut dès le XIIe siècle avec le sens d'« endurer, souffrir », sens abstrait qui est toujours le sien aujourd'hui et auquel s'ajoutent les acceptions concrètes de « soutenir, porter le poids (d'une chose pesante) ».
Mais à partir des années 1960, sous l'influence de l'anglais *to support* et, sans doute, par le truchement du substantif un *supporter* (qui n'avait pas vraiment d'équivalent en français), le verbe *supporter* s'est employé, d'abord dans le domaine sportif, dans le sens de « soutenir, encourager (une équipe, un sportif) » ; puis dans le domaine politique, comme équivalent de « soutenir, appuyer, apporter son appui », en parlant d'un parti, d'un candidat. Toutes acceptions que le français n'a jamais eues !

Évitons donc les anglicismes « Il supporte l'équipe de son village » ou « Nous supportons le parti qui vient d'être créé ». D'autant que l'ambiguïté n'est jamais loin : « Je dois supporter leur équipe » signifiera-t-il « Je dois encourager leur équipe » ou « Je dois tolérer leur équipe » ? Il y a là, on en conviendra, bien plus qu'une nuance…

Évitez de dire : *Pour la finale, toute la France supportera son équipe.*
Dites plutôt : *Pour la finale, toute la France encouragera son équipe.*

Tiret, trait d'union

Le nom *arc-en-ciel* s'écrit-il avec des « tirets », comme on l'entend souvent ? Que nenni ! Nos couleurs du prisme sont reliées par des *traits d'union.*

Tiret et trait d'union sont certes tous deux de petits traits, mais ils n'ont ni la même taille, ni les mêmes emplois typographiques et orthographiques.

En effet, le tiret est un caractère typographique, de ponctuation, et non un signe orthographique. Il existe trois sortes de tirets :

– Le tiret le plus court « - » (qui se confond avec le trait d'union) sert à couper un mot en fin de ligne ; en typographie, on l'appelle « division » (ou « div' » pour les intimes) ;

– Le tiret demi-cadratin « – » et le tiret cadratin « — » servent à introduire chaque terme d'une liste et chaque réplique d'un dialogue, ainsi qu'à encadrer des phrases incises (un peu à la manière des parenthèses). Le tiret demi-cadratin a tendance à évincer le tiret cadratin dans la typographie actuelle.

Le trait d'union « - », quant à lui, marque un rapport étroit entre deux ou plusieurs termes :

– D'un point de vue orthographique, il joint un grand nombre de « mots composés » (mais pas tous, tant s'en faut !) : *lève-vitre, rond-point, soi-disant, pique-niquer, vis-à-vis, au-dessus, par-delà…* ;

– D'un point de vue grammatical, il joint deux éléments interdépendants : le verbe et son régime (*donne-le-leur, va-t'en, vas-y*) ou son sujet postposé (*puis-je, chanté-je*) ; le pronom personnel suivi de *même* (*moi-même, soi-même*), le démonstratif et les adverbes *-ci, -là* (*ces jours-ci, celle-là*) ; les déterminants numéraux cardinaux (orthographe traditionnelle : *quatre cent quatre-vingt-dix* ; orthographe « nouvelle » : *quatre-cent-quatre-vingt-dix*).

Évitez de dire : *Tu as oublié les deux tirets à « un sot-l'y-laisse ».*

Dites plutôt : *Tu as oublié les deux traits d'union à « un sot-l'y-laisse ».*

III

De quelques mots et expressions qui se ressemblent... mais ne s'assemblent pas

Les paronymes sont des termes de sens différent qui ne se distinguent phonétiquement que par un ou deux sons, si bien qu'il est souvent facile de les confondre et d'utiliser, par exemple, *dénoter* au lieu de *détonner*…

Agonir / agoniser
À l'attention / à l'intention
De conserve / de concert
De nouveau / à nouveau
Dénoter / détonner
De suite / tout de suite
Erratique / hiératique
Impassible / impavide
Inclinaison / inclination
Mettre à jour / mettre au jour
Prolifique / prolixe
Ranimer / réanimer
Sabler/ sabrer le champagne
Somptuaire / somptueux
Sous l'empire / sous l'emprise

Agonir / agoniser

Ces deux verbes se ressemblent tellement qu'il n'est pas rare d'entendre : « Il nous a agonisés d'injures. » Quand bien même lesdites injures seraient mortelles, ces deux mots n'ont cependant rien en commun, hormis leur malencontreuse paronymie…
Le plus courant, *agoniser*, signifie « être à l'article de la mort » et, au sens figuré, « toucher à sa fin » : « La nuit, quand la veilleuse agonise dans l'urne » (Hugo, « Oh ! qui que vous soyez, jeune ou vieux, riche ou sage »). *Agoniser* dérive du nom *agonie*, lui-même issu du grec *agôn* (« lutte », puis « inquiétude, angoisse »).
Agonir est un verbe obsolète, du moins dans son emploi absolu : on n'*agonit* plus guère quelqu'un sans ajouter un complément exprimant une idée d'injures. Il provient d'une déformation d'*ahonnir* (« faire honte »), lui-même issu de *honnir* (« Honni soit qui mal y pense ») et croisé avec *agonie*. Employé seul, *agonir* signifiait « accabler d'injures », mais il n'a plus guère été compris et s'est vu adjoindre des compléments du type *d'injures, d'insultes, de reproches*… formant par là même une espèce de pléonasme ou, du moins, de redondance que l'usage a entérinée.
Quoi qu'il en soit, soyons attentifs à la conjugaison d'*agonir,* qui appartient au 2e groupe : *j'agonis, nous agonissons, vous agonissez, ils agonissent ; j'agonissais ; j'agonirai ; que j'agonisse ; en agonissant*… Les erreurs sont très fréquentes, y compris chez d'excellents auteurs : « La mère Tuvache les agonisait d'ignominies » (Maupassant, « Aux champs »), au lieu de *agonissait*.
Évitez de dire : *Elle est partie en nous agonisant d'injures.*
Dites plutôt : *Elle est partie en nous agonissant d'injures.*

Qui l'eût cru ?

Repartir et ressortir

Agoniser et *agonir* ne sont pas le seul duo de verbes dont la ressemblance peut provoquer des erreurs de conjugaison.
Ainsi, le verbe *repartir* (ou *répartir*), littéralement « avoir le sens de la repartie (ou répartie) », donc « répliquer », ne doit pas être confondu avec son homonyme répartir (« distribuer ») ; il se conjugue sur le modèle de *partir* (3e groupe) et non sur celui de *finir* (2e groupe) : *je répars, tu répars, il répart, nous répartons, vous répartez, ils répartent* ; ou, sans l'accent, *je repars, tu repars, il repart,* etc., variante qui le rend strictement homographe d'un troisième *repartir* (« partir de nouveau », « s'en retourner ») !
De même, on distinguera à profit le verbe du 3e groupe *ressortir* (« sortir d'un lieu », « sortir d'un lieu après y être entré », « apparaître nettement »), qui se conjugue très normalement sur *sortir*, d'avec le verbe du 2e groupe *ressortir à* (« être du ressort », « dependre, relever ») : « Cette affaire ressortissait à ce tribunal », « Cet essai ressortit à la philosophie kantienne ».
Enfin, ne confondons pas *recouvrir* (3e groupe) avec *recouvrer* (1er groupe), qui signifie « retrouver (ce qui a été perdu) » et « recevoir le paiement d'un dû » : « Il a recouvré la mémoire », « Nous recouvrerons l'impôt plus tôt ».

À l'attention / à l'intention

Nous savons très bien ce que sont l'*attention* et l'*intention*… et pourtant ! Combien d'hésitations se font jour quand il s'agit d'utiliser l'une ou l'autre de ces deux tournures !

À l'attention de (quelqu'un) est une locution qui s'emploie dans quelques cas assez restreints : elle signifie en effet que l'on porte un message, une communication, un envoi « à l'attention » de son destinataire, qu'on lui demande, donc, d'y prêter attention. Par conséquent, on n'utilise cette formule qu'en tête de message (note, lettre…), dans la langue administrative ou commerciale, afin d'en préciser le destinataire : « Cette note est confidentielle : elle est à l'attention de votre chef de service. »

À l'intention de (quelqu'un) est d'un usage plus courant. *Intention* signifiant « dessein, projet », cette formule s'emploie comme synonyme de « pour faire plaisir à, dans le but d'être agréable à » ou encore « au profit de », voire tout simplement « pour » : « Ils ont organisé cette soirée de bienvenue à votre intention », « Elle a écrit ce roman à l'intention de ses enfants », « Nous avons organisé une collecte à l'intention des plus démunis », « Une messe sera dite dimanche à l'intention du défunt ».

Évitez de dire : *Une pétition à l'intention du ministre de la Culture a déjà récolté plus de 200 000 signatures.*
Dites plutôt : *Une pétition à l'attention du ministre de la Culture a récolté plus de 200 000 signatures.*

De conserve / de concert

Si la première de ces locutions, devenue quelque peu précieuse ou archaïsante, s'est effacée dans l'usage au profit de la seconde, elles ne sont en réalité pas tout à fait équivalentes et expriment chacune des nuances qui confèrent à notre expression une précision de bon aloi.
De conserve n'est plus guère utilisé de nos jours, car nous avons perdu de vue son étymologie : le nom *conserve* ne nous évoque plus que les aliments « conservés » en boîte ! Or, l'origine de cette tournure ressortit au lexique maritime : la *conserve* y désigne un navire qui fait route avec un autre pour le protéger, et *conserver un bâtiment* signifie « suivre la direction d'un bateau en le *conservant* en vue ». De là découle la locution *de conserve*, dans l'expression *naviguer de conserve*, c'est-à-dire « naviguer en suivant la même route ». Puis *de conserve* s'est employé au figuré comme synonyme de « l'un à côté de l'autre » ou, tout simplement, « ensemble » : « Nous avons marché de conserve jusqu'au restaurant. »
De concert possède un sens plus étroit : issue du latin *concerto* (« accord »), cette locution exprime certes l'idée d'une action en commun (comme *de conserve*), mais elle contient en outre la notion de concertation et signifie donc « en accord » : « Soyons de concert auprès des malades pour nous attribuer les heureux succès de la maladie et rejeter sur la nature toutes les bévues de notre art » (Molière, *L'Amour médecin*).
Ainsi, vous pourrez travailler *de conserve* avec votre collègue sans pour autant que vous œuvriez *de concert* si vous ne collaborez pas !

Évitez de dire : *Les innombrables clients se sont dirigés de concert vers le rayon des soldes.*
Dites plutôt : *Les innombrables clients se sont dirigés de conserve vers le rayon des soldes.*

De nouveau / à nouveau

Une préposition, si dérisoire nous semble-t-elle, peut tout changer ! Tel est l'enseignement que l'on peut tirer des couples de locutions *de nouveau / à nouveau et tout à coup / tout d'un coup*.

De nouveau exprime tout simplement la répétition, elle est synonyme d'« une fois encore, une fois de plus » : « Il est de nouveau venu se plaindre de ses collègues. » Pour nous en souvenir, retenons que de *nouveau* est l'équivalent de *derechef*. *À nouveau* possède, pour sa part, une nuance supplémentaire : cette locution signifie certes « encore une fois », mais s'y ajoute la signification de « d'une manière différente, sur de nouvelles bases », comme le précise Georges Duhamel (*Chronique des Pasquier*) : « Cela m'est égal que Littré, qui est pourtant un de mes dieux, ne fasse aucune différence entre "à nouveau" et "de nouveau". Moi, je vois une différence et je m'impose une règle. "De nouveau" veut dire "derechef" et "à nouveau" veut dire "à neuf". Je repeins ma maison à nouveau. » Ainsi, l'on dira « Je refais à nouveau ce travail » ; et l'on distinguera « Je prépare de nouveau cette recette de tarte à la rhubarbe » (= « Je la prépare encore une fois ») et « Je prépare à nouveau cette recette de tarte à la rhubarbe » (= « Je la refais, mais différemment »).

Tout à coup signifie simplement « soudainement », « brusquement » : « Charles se surprit à rire ; mais le souvenir de sa femme, lui revenant tout à coup, l'assombrit » (Flaubert, *Madame Bovary*). *Tout d'un coup* n'est pas exactement synonyme : cette locution signifie précisément « en une seule fois, d'un seul coup », « en même temps » : « Ou plutôt il fallait, comblant ta perfidie, / Lui ravir tout d'un coup la parole et la vie » (Racine, *Phèdre*).

Évitez de dire : *J'ai dû réécrire de nouveau le dernier chapitre.*
Dites plutôt : *J'ai dû réécrire à nouveau le dernier chapitre.*

Évitez de dire : *Il a tout d'un coup fait irruption dans la pièce.*
Dites plutôt : *Il a tout à coup fait irruption dans la pièce.*

Qui l'eût cru ?

De zéro ou *à zéro* ?

Doit-on dire *repartir de zéro ou repartir à zéro* ? Si la tradition lexicographique et grammaticale recommande la tournure *repartir de zéro* (de même que l'on dit *partir de zéro*), force est de constater que l'usage (parfois contrariant !) a préféré sa rivale *repartir à zéro* (par analogie avec les tournures du type *recommencer à zéro, reprendre à zéro*).
Toutefois, peut-être peut-on tenter une distinction, qui n'est pas sans rappeler celle qui fait le départ entre *de nouveau* et *à nouveau* : *repartir de zéro*, c'est, au sens propre « repartir depuis le début », « recommencer *de nouveau* la même chose (pour atteindre le but qui ne l'a pas été précédemment) », car la préposition « de » marque le point de départ : « Elle n'a pas réussi à résoudre cette équation, elle a dû repartir de zéro. »
La locution *repartir à zéro* possède une acception plus figurée ; il s'agit bien de recommencer depuis le début, mais pour atteindre un résultat différent, pour atteindre à nouveau un but : « Ce chapitre ne me plaisait pas, je suis reparti à zéro. »

Dénoter / détonner

Erreur assez récente, l'emploi de *dénoter* à la place de *détonner* montre assez bien combien l'on méconnaît parfois la signification du verbe *dénoter*.

Dénoter, dérivé de *noter*, signifie « indiquer, désigner par un indice », « révéler », « montrer » : « Ce même Dieu, (…) qui n'est sujet à aucun défaut, et qui n'a rien de toutes les choses qui dénotent quelque imperfection » (Descartes, *Méditations métaphysiques*). En linguistique, la *dénotation* désigne l'ensemble des traits sémantiques objectifs d'un terme (par opposition à la *connotation*, qui repose sur la subjectivité) : « Le blanc dénote la couleur combinant toutes les couleurs du spectre. Selon les civilisations, il connote la pureté ou le deuil. »

Le verbe *détonner* est dérivé du substantif *ton* : ce qui détonne n'est pas dans le ton. Il s'est d'abord employé dans le domaine musical, avec le sens de « sortir de la bonne intonation » : « Tous mes sots à la fois ravis de l'écouter, / Détonnant de concert, se mettent à chanter » (Boileau, *Satires*). Plus spécialement, il peut signifier « chanter faux » : « Les voix fausses et pointues des femmes faisaient détonner les voix grasses des hommes » (Maupassant, « Le Pain maudit »). Au sens figuré, *détonner* est utilisé dans le langage courant avec le sens de « ne pas être en harmonie avec », « jurer, trancher » : « Dans l'hypocrisie générale, ses propos détonnent », « Sa cravate orange détonne avec sa chemise violette ».

Évitez de dire : *Son comportement dénote quelque peu avec ses paroles.*
Dites plutôt : *Son comportement détonne quelque peu avec ses paroles.*

Un mélange déton(n)ant ?

Autre difficulté (et source d'erreur possible) : l'homonymie des verbes *détoner* et *détonner*.
Si ces verbes ont tous deux à voir avec la notion de « ton », leur parcours étymologique n'est pas le même ! *Détoner* (« faire entendre une détonation ») fut emprunté, à la fin du XVIIe siècle, directement au latin *detonare*, lui-même dérivé de *tonare* (« tonner »), tandis que *détonner* fut formé en français, quelques décennies auparavant, sur le nom *ton* à l'aide du préfixe *dé-*. Du reste, les hésitations orthographiques furent légion entre ces deux verbes, contribuant à une certaine confusion : *détoner* fut par exemple écrit *détonner* entre le XVIIIe siècle et le XIXe siècle, cependant que *détonner* était orthographié *détoner* (par imitation d'*intonation* ou *tonalité*) ! Quant aux formes en *-ant*, la situation n'est guère limpide ! L'adjectif dérivé de *détoner* est *détonant(e)* (« qui explose ») : un mélange *détonant* est, au sens propre, un mélange de deux gaz qui s'enflamment et explosent ; et, au sens figuré, une association de deux ou plusieurs éléments pouvant aboutir à des réactions violentes : « Alcool et anxiolytiques forment un mélange détonant. » La forme *détonnant* n'existe qu'au participe présent (et non en tant qu'adjectif) : « Ses propos, détonnant quelque peu, n'ont guère été appréciés. »
Dieu que les voies de l'orthographe sont parfois impénétrables !

De suite / tout de suite

« Je reviens de suite. » Cette phrase, que de fois ne l'a-t-on lue ou entendue ! Pourtant, la tournure *de suite* possède un sens précis, différent de *tout de suite*. Attestée dès 1538, la locution *de suite* signifie « sans interruption », « de façon continue », comme dans ces bouts-rimés extraits du film *Ridicule* (1996) : « Toujours fidèle à sa conduite, / L'abbé, sans nuire à sa santé, / Peut faire deux mots d'esprit de suite… / L'un en hiver, l'autre en été ! » *De suite* posséda aussi un sens plus intellectuel, « de façon cohérente », qui n'a guère survécu que dans les locutions *esprit de suite* et *sans suite* (*des propos sans suite*, c'est-à-dire incohérents).
Née à la fin du XVIIe siècle, la locution *tout de suite* signifie « aussitôt, sans délai » ou « rapidement » : « Si tu veux que je te pardonne, lui dit-elle (Mathilde à Julien) en se levant et se jetant dans ses bras, appelle tout de suite de ta sentence de mort » (Stendhal, *Le Rouge et le Noir*). *De suite* n'est donc pas synonyme de *tout de suite*. Ce ne fut pas toujours le cas : si, depuis le XVIIIe siècle, la tradition puriste a blâmé cet emploi, il relevait encore de la langue littéraire au XIXe. Mais il est aujourd'hui vu comme appartenant à une langue relâchée.

Évitez de dire : *Attendez-moi, j'arrive de suite.*
Dites plutôt : *Attendez-moi, j'arrive tout de suite.*

Qui l'eût cru ?

Ne donnez pas suite à *suite à*

Autre tournure à éviter : *suite à*, perçue comme négligée. Mieux vaut employer, selon les cas, *comme suite à*, *pour faire suite à*, *en réponse à* ou *à la suite de*.

Erratique / hiératique

Certains vocables ont le délicieux goût du savoir et de l'élégance : le couple formé par *erratique* et *hiératique* est de ceux-là ; or ils ne sont pas synonymes : il peut donc être des plus gênant, alors même que l'on croit employer un terme érudit, d'en mésuser…

Erratique est un adjectif didactique de la même famille qu'*errer* : en latin, *erraticus* signifiait « errant, vagabond » et le français l'emprunta avec ce même sens au XIVe siècle. *Erratique* est synonyme aujourd'hui d'« irrégulier, qui n'est pas fixe, qui change de place » et s'emploie surtout dans des lexiques spécialisés : en zoologie (les animaux *erratiques* se déplacent souvent) ; en géologie (*blocs, roches erratiques*, c'est-à-dire transportés par d'anciens glaciers loin de leur point d'origine) ; enfin, en médecine (*fièvre erratique, douleur erratique*). Mais il peut aussi s'employer au figuré, dans la langue littéraire, comme synonyme d'« instable ».

Hiératique est dérivé du grec *hieros* (« sacré »), que l'on retrouve entre autres dans *hiérarchie* ou *hiéroglyphe*. Terme lui aussi didactique, *hiératique* signifie d'abord « qui concerne les choses sacrées », « conforme à un rituel ou à une liturgie ». Dans la langue courante et soutenue, *hiératique* a pris le sens de « qui semble imposé par un rite », « grave et majestueux », « solennel », « figé » : « Autour de cette statue, immobile, figée dans une pose hiératique de dieu hindou, des parfums brûlaient » (Huysmans, *À rebours*).

Évitez de dire : *Son allure grave et erratique impressionne tous ceux qu'il rencontre.*
Dites plutôt : *Son allure grave et hiératique impressionne tous ceux qu'il rencontre.*

Impassible / impavide

Il peut paraître plus élégant d'utiliser l'adjectif *impavide* à la place d'*impassible*, jugé peut-être trop banal. Pourtant, rappelons-nous Rimbaud et le début de son *Bateau ivre* : « Comme je descendais des fleuves impassibles, / Je ne me sentis plus guidé par les haleurs. » Néanmoins, quoique les deux termes relèvent de champs lexicaux voisins, ils ne sont pas tout à fait synonymes.

Impassible est formé sur la racine *pass-*, issue du verbe latin *pati* (« souffrir, endurer ») ; de nombreux mots en sont dérivés : de *pâtir* à *compatir*, de *patient* à *passion* (oui, à l'origine, la passion est souffrance !) et de *passible* à *impassible*, qui signifie donc, étymologiquement, « qui n'est pas susceptible de souffrance », d'où « qui ne laisse paraître aucune émotion », « indifférent » : « L'homme impassible est aussi contradictoire que l'homme immortel » (Voltaire, *Dictionnaire philosophique*).

Impavide ressortit à un niveau de langue plus soutenu : issu du latin *pavor* (« peur ») – qui a donné *épouvanter* (du latin populaire *expaventare*) et *épave* (d'*expavidus* « qui s'enfuit de peur », puis « égaré ») –, cet adjectif signifie « qui ne montre ou éprouve aucune peur » : « Au Moyen Âge, le plus impavide des bandits n'oserait assumer l'irrémissible méfait de tromper Dieu ! » (Huysmans, *Là-bas*). Il s'agit donc moins ici d'indifférence, de froideur, d'imperturbabilité que de mépris de la peur.

Évitez de dire : *Il est resté impavide face à la mort de son meilleur ami.*
Dites plutôt : *Il est resté impassible face à la mort de son meilleur ami.*

Inclinaison / inclination

Ces deux termes, phonétiquement fort proches, le sont aussi étymologiquement : ils viennent tous deux du latin *inclinatio* (« action de pencher, inclinaison », puis « tendance, penchant »). Chacun de ces deux noms s'est vu ensuite prendre en charge les différentes acceptions de l'étymon latin. *Inclinaison* est le plus récent (fin XVIIe siècle) et le plus courant. Il désigne au sens propre l'état de ce qui est incliné, l'obliquité : « C'était vraiment une vasque, dont l'œil suivait malgré lui, ininterrompue, la douce inclinaison des berges jusque sous l'eau » (Julien Gracq, *Un beau ténébreux*). *Inclination* est plus ancien (fin XIIIe siècle) et plus soutenu, donc moins fréquent, qu'*inclinaison*. Son sens est aussi plus abstrait : l'*inclination* est ce vers quoi, intellectuellement, nous inclinons, vers quoi nous sommes *enclins* ; autrement dit, *inclination* signifie d'abord « désir, appétence, propension » : « C'est à cause de ce culte que, dans ces moments où l'on va à l'opposé de ses inclinations véritables, les deux jeunes filles avaient pu trouver un plaisir dément aux profanations qui ont été racontées » (Proust, *La Prisonnière*). Dans une langue plus littéraire, l'*inclination* désigne le mouvement qui nous porte à aimer quelqu'un, comme dans la profession de foi d'un certain Dom Juan chez Molière : « Les inclinations naissantes, après tout, ont des charmes inexplicables, et tout le plaisir de l'amour est dans le changement. » Enfin, il existe une acception propre, qui nous montre combien la confusion entre ces deux paronymes est aisée. L'inclination s'applique alors au mouvement du corps ou de la tête exécuté en signe d'acquiescement ou de déférence : « Oui, madame, il s'habille, répondit le valet avec une inclination de tête que lui aurait enviée un prince saluant la foule » (Zola, *La Curée*).

Évitez de dire : *Son inclinaison au mensonge lui jouera des tours.*
Dites plutôt : *Son inclination au mensonge lui jouera des tours.*

Mettre à jour / mettre au jour

Une seule lettre vous manque et tout est modifié ! Telle est la leçon sémantique que nous enseignent les deux locutions *mettre à jour* et *mettre au jour*, presque jumelles, au point que l'usage quotidien tend à les mélanger allégrement, alors que leurs significations sont bien différentes…

Mettre à jour signifie « au courant », « en tenant des comptes des données nouvelles » ; ainsi, mettre *à jour* est synonyme d'« actualiser », « dépoussiérer » : « J'ai mis à jour mes dossiers », « Nous devons mettre à jour nos connaissances ». Cette locution peut s'employer aussi à la forme pronominale : « Il s'est mis à jour dans son travail. »

Mettre au jour signifie à l'origine « donner naissance à », « accoucher de » (*jour* y a son sens de « lumière ») et, dans ce sens, est plutôt remplacé aujourd'hui par mettre au monde : « J'ai dû cette vengeance à qui m'a mise au jour » (Corneille, *Le Cid*). Cette locution fut aussi synonyme de « publier, faire paraître » : « J'ai six couplets de chanson tout prêts à mettre au jour » (Montesquieu, *Lettres persanes*) Au figuré, *mettre au jour* est employé couramment avec le sens de « rendre visible (à la lumière du jour) », d'où « déterrer », « sortir quelque chose de caché, d'enfoui », « divulguer » : « Ai-je dû mettre au jour l'opprobre de son lit ? » (Racine, *Phèdre*).

Évitez de dire : *Les archéologues ont mis à jour un temple grec très bien conservé.*
Dites plutôt : *Les archéologues ont mis au jour un temple grec très bien conservé.*

Prolifique / prolixe

Ces deux adjectifs paronymiques ne sauraient s'employer indifféremment, ne serait-ce que parce que l'un d'eux pourrait se révéler fort désobligeant – quelque envie snob que l'on ait de le caser dans la conversation…

Prolifique est issu du latin *proles* (« famille, lignée »), que l'on retrouve dans *proliférer* (mot à mot « produire une descendance ») ou *prolétaire* (« citoyen qui ne compte que par ses enfants »), et muni du suffixe *-fique* (« qui fait »). Il signifia d'abord « qui favorise la fécondité » : « Il possède en un degré louable la vertu prolifique et (…) il est du tempérament qu'il faut pour engendrer et procréer » (Molière, *Le Malade imaginaire*). Aujourd'hui, cette acception est obsolète et *prolifique* possède deux significations dérivées de celle-ci : d'abord, il qualifie des êtres vivants qui se reproduisent rapidement : « Les lapins sont une espèce prolifique. » Ensuite, au sens figuré, il est synonyme de « qui produit beaucoup » (notamment en parlant d'un écrivain, d'un artiste) : « M. de Courvoisier n'en aima que plus sa femme, redoubla de zèle prolifique » (Proust, *Le Temps retrouvé*).

Prolixe est hérité du latin *prolixus* (« allongé », « long ») et signifie « qui est trop long (dans ses écrits ou ses discours) », « bavard », « verbeux » : « Les plus prolixes sont ceux qui ont le moins à dire » (Gide). Par extension, prolixe peut qualifier des écrits, des propos, un style : « Sa tête est aussi dérangée que ses lettres sont prolixes » (Voltaire, correspondance).

Ainsi, *prolifique* peut être valorisant ou péjoratif ; *prolixe* est toujours dépréciatif : ne les confondons donc pas !

Évitez de dire : *Georges Simenon fut un auteur prolixe.*
Dites plutôt : *Georges Simenon fut un auteur prolifique.*

Ranimer / réanimer

Les aléas lexicaux dus au préfixe *re- / r-* (qui marque la répétition) ne sont pas des moindres : témoin, les hésitations entre *récrire* et *réécrire* ou *rajuster* et *réajuster*. En ce qui concerne *ranimer* et *réanimer*, l'on fait encore une différence entre ces deux verbes.
Réanimer possède un sens assez étroit, puisqu'il ne s'utilise que dans le domaine médical : *réanimer* un blessé, un noyé, un malade, un patient. On retrouve cet emploi dans le dérivé *réanimation* (*salle de réanimation*).
Ranimer est d'un sémantisme plus large et s'emploie dans tous les autres cas – d'aucuns l'utilisent même à la place de *réanimer*. Il signifie « redonner de la force, revigorer, raviver, stimuler » et peut s'employer au sens propre *(ranimer un feu)* ou, le plus souvent, au figuré : « Ces scènes de plaisir et de joie n'épuisent un instant la nature que pour la ranimer d'une vigueur nouvelle » (Rousseau, *Julie ou la Nouvelle Héloïse*).

Évitez de dire : *Ce discours a réanimé les troupes.*
Dites plutôt : *Ce discours a ranimé les troupes.*

Qui l'eût cru ?

R(é)ajuster, ré(é)crire, mais rouvrir

Il n'est pas toujours aisé de faire le départ entre les formes en *ré-* et les formes en *r-*. Ainsi *récrire / réécrire, rajuster / réajuster* s'emploient indifféremment.
Soyons néanmoins vigilants aux dérivés d'*ouvrir* : si le verbe est *rouvrir*, le nom est *réouverture*.

Sabler / sabrer le champagne

Il en va des mots et de leurs significations comme des êtres humains : certains vieillissent, meurent, puis sont oubliés ou ne subsistent que dans le souvenir de quelques-uns…

C'est ce qui est arrivé au verbe *sabler* : signifiant à l'origine « couvrir de sable », il prit une acception technique : « couler dans un moule de sable ». Puis, ce fut par allusion au métal en fusion jeté dans ce moule que sabler en vint à signifier au figuré « avaler d'un trait, lamper » : « Jacques, en chemise et pieds nus, avait sablé deux ou trois rasades sans ponctuation, comme il s'exprimait, c'est-à-dire de la bouteille au verre, du verre à la bouche » (Diderot, *Jacques le Fataliste et son maître*). Ce sens ne survit plus de nos jours que dans la locution *sabler le champagne,* c'est-à-dire « boire du champagne pour célébrer un événement heureux ». : « Les seuls qui en profitent, ce sont les patrons et leurs actionnaires (…) que tu te représentes, naturellement, oisifs et jouisseurs, engraissés de la sueur du peuple et sablant le champagne avec des filles de joie ? » (Roger Martin du Gard, *Les Thibault, L'Été 1914*).

Quant à l'expression *sabrer le champagne,* elle est aussi limpide que le précieux liquide : il s'agit d'utiliser un sabre pour trancher le col de la bouteille et ainsi l'ouvrir. Aussi, même si cette action est moins fréquente de nos jours, rien ne vous empêche de *sabrer le champagne* avant de le *sabler* !

Évitez de dire : *Pour fêter ta promotion, nous allons tous sabrer le champagne !*
Dites plutôt : *Pour fêter ta promotion, nous allons tous sabler le champagne !*

Somptueux / somptuaire

Ces deux adjectifs dérivés du même étymon latin ont la fâcheuse propension à devenir aujourd'hui interchangeables, *somptuaire* ayant tendance à s'utiliser comme une variante chic et quelque peu pédante du banal *somptueux*. Or, il n'en est rien !

Issu de *sumptuosus* (« onéreux »), lui-même dérivé de *sumptus* (« coût, dépense »), *somptueux* signifie littéralement « qui représente de grandes dépenses », « fastueux » : « Un sien ami, voyant ces somptueux repas, / Lui dit : Et d'où vient donc un si bon ordinaire ? » (La Fontaine, « L'Ingratitude et l'injustice des hommes envers la fortune »). Par extension, on passe ensuite de la notion d'argent à celle de taille ou d'esthétique ; *somptueux* qualifie alors ce qui impressionne par sa grandeur, sa beauté ou son éclat : « Des espaces plus éclaircis laissaient voir l'entrée de presque toutes, ou bien un feuillage somptueux la désignait comme une oriflamme » (Proust, *Du côté de chez Swann*).

Issu de *sumptuarius* (« relatif aux dépenses »), *somptuaire* concerne aussi l'aspect pécuniaire, mais présente une signification plus précise. Dans la Rome antique, les *lois somptuaires* visaient à régler les dépenses des citoyens et, plus spécialement, à restreindre les dépenses de luxe. En français classique, *somptuaire* prit le sens de « qui concerne les dépenses » : « Quelque austère que fût ma réforme somptuaire, je ne l'étendis pas d'abord jusqu'à mon linge, qui était beau et en quantité » (Rousseau, *Les Confessions*).

Ainsi, quoique cette dernière acception semble obsolescente, parler de *dépenses somptuaires* (expression influencée par l'idée de luxe contenue dans le sens latin de *somptuaire*) relève du pléonasme fâcheux et est donc à éviter autant que possible.

Évitez de dire : *Un nouveau rapport pointe les dépenses somptuaires de l'Élysée.*
Dites plutôt : *Un nouveau rapport pointe les dépenses somptueuses de l'Élysée.*

Sous l'empire / sous l'emprise

La locution *sous l'empire de* semble s'effacer peu à peu de l'usage contemporain, évincée par sa rivale *sous l'emprise de*. Pourtant, ces deux tournures, pour être peu ou prou synonymes, ne se rencontrent pas tout à fait dans les mêmes circonstances, du moins si l'on veut se montrer rigoureux…

Hérité du latin *imperium* (« pouvoir suprême »), *empire* possède dans la langue littéraire une acception un peu oubliée aujourd'hui, celle d'« autorité, ascendant », voire « emprise, contrôle » : « J'ai perdu tout empire sur moi-même » (Mme de Staël). Mais la locution *sous l'empire de* s'emploie de préférence pour exprimer la dépendance à une chose ou à un sentiment *(sous l'empire de l'alcool, de la drogue, de la colère, de la passion…)* : « Sous l'empire du haschisch, je ne peux pas me retenir de voler » (Gide, *Les Faux-Monnayeurs*).

Emprise (issu du participe passé du vieux verbe *emprendre*, « entreprendre ») désignait au Moyen Âge une prouesse chevaleresque : « Hardis feront des emprises si belles, / Que le vieil temps n'en sera le vainqueur » (Ronsard, *Le Bocage royal*). Depuis la fin du XIXe siècle, le nom *emprise*, influencé justement par sa paronymie avec *empire,* a pris le sens d'« autorité, influence, ascendant ». Mais la locution courante *sous l'emprise de* s'utilise de préférence pour exprimer une dépendance à quelqu'un qui a « prise » sur quelqu'un d'autre : « Sous l'emprise de sa mère Agrippine, Néron devint un assassin. »

Évitez de dire : *Il a réagi sous l'emprise de la colère.*
Dites plutôt : *Il a réagi sous l'empire de la colère.*

IV

De quelques maladresses dans les constructions lexicale ou syntaxique

Pour terminer, voici quelques termes et structures grammaticales mal construits, mal bâtis, mal assemblés : ce sont les barbarismes (mots déformés, qui n'existent pas), les solécismes (emplois syntaxiques fautifs de formes existantes) et les pléonasmes (termes ajoutant une répétition superflue)…

Accaparer
Alunir
L'appétit vient quand on mange
Après que nous avons fini
Aujourd'hui
Cela dit
C'est de cela que je vous parle
Débuter
Deux à trois kilos
Donne-le-moi, donne-m'en
Émouvoir, résoudre
En voiture, à bicyclette
Enjoindre
Et autres…
L'aréopage n'est pas rémunéré !
L'eau bouillira
Les plus beaux que j'aie jamais vus
Malgré que
Pallier
Partager
Poser problème, faire sens
Postuler
Rien (de) moins que
Se rappeler, se souvenir
Je suis allé, j'ai été
Au sud de Paris
Sur Lyon
Tant s'en faut, loin de là

Accaparer

Le verbe *accaparer* révèle une étymologie étonnante : passé par l'occitan *accapara*, il fut emprunté au XVIIe siècle à l'italien *accaparrare*, formé sur *caparra* (« arrhes »), lui-même composé de *capo* (« début ») et *arra* (« paiement »). À l'origine, *accaparer* signifia « retenir une marchandise en versant des arrhes ». Aujourd'hui encore, dans la langue commerciale, *accaparer* signifie « acheter ou accumuler le plus possible de valeurs ou de marchandises à des fins spéculatives ».

Le verbe a ensuite pris des acceptions figurées plus larges, qui contiennent toutes l'idée de « prendre ou retenir en entier (souvent au détriment d'autrui) » : les soucis peuvent *accaparer* votre esprit, on peut *accaparer* quelqu'un lors d'une soirée, etc.

Quoi qu'il en soit, le verbe *accaparer* ne s'emploie pas à la forme pronominale. C'est là une erreur courante, sans doute induite par des verbes sémantiquement voisins, tels *s'emparer* (lequel, en outre, est très proche phonétiquement), *s'attribuer, s'arroger.* Cet emploi considéré comme fautif ne l'est d'ailleurs pas en Belgique où *s'accaparer* est ancré dans l'usage ordinaire.

Évitez de dire : *Le nouveau président s'est accaparé tous les pouvoirs.*

Dites plutôt : *Le nouveau président a accaparé tous les pouvoirs.*

Qui l'eût cru ?

Empirer, ce n'est pas mieux !

De même, on évitera soigneusement d'utiliser le verbe *empirer* à la forme pronominale (*s'empirer*), considérée comme incorrecte : « La situation empire de jour en jour. »

Alunir

Les verbes du 2e groupe, du type *finir*, qui ont tous la particularité de présenter un infixe *-iss-* à certaines formes, sont environ au nombre de quatre cents – et la liste est close puisque les nouveaux verbes qui se créent chaque jour appartiennent tous au 1er groupe. Le dernier verbe du 2e groupe qui fut créé remonte tout de même aux années 1920 : il s'agit d'*alunir*… lequel, en outre, est critiqué et déconseillé ! En effet, il fut forgé à l'imitation d'*atterrir* ; or, *atterrir*, c'est se poser sur la terre – c'est-à-dire sur le sol, sur le rivage, par opposition à l'*amerrissage* – et non sur la planète Terre. C'est cette nuance qui doit nous encourager, selon l'Académie française et l'Académie des sciences – excusez du peu ! –, à éviter d'employer *alunir* et *alunissage* et à leur préférer les périphrases « atterrir sur la Lune », « se poser sur la Lune » et « atterrissage sur la Lune » – ou alors, à ce compte, il faudra dans quelques décennies (ou siècles !) parler d'*amarsir*, d'*avénussir*, voire d'*ajupitérir* !

Évitez de dire : *Le premier véhicule à avoir aluni fut une sonde soviétique, en 1966.*

Dites plutôt : *Le premier véhicule à s'être posé sur la Lune fut une sonde soviétique, en 1966.*

Qui l'eût cru ?

De petits nouveaux pas toujours bienvenus

Les néologismes sont monnaie courante, et c'est très bien ainsi. Il en naît chaque jour, notamment des verbes du 1er groupe. Toutefois, s'ils sont une part importante de la vie du français, il est recommandé d'en éviter certains, notamment ceux qui constituent des anglicismes aussi superfétatoires qu'envahissants : *contacter*, par exemple, auquel on préférera *joindre, prendre contact* ; ou encore le récent *impacter*, qui a tendance à évincer *toucher, affecter*.

L'appétit vient quand on mange

De quelques anacoluthes

« Je lutte conte l'anacoluthe ! » Voilà une belle devise pour qui souhaite soigner sa syntaxe… Celle-ci, en effet, se voit souvent malmenée à divers titres, notamment par ces ruptures de construction que l'on nomme anacoluthes (mot grec signifiant « absence de suite ») : il s'agit d'un constituant mal relié (ou pas relié du tout) au reste de la phrase, ce qui engendre des énoncés bancals, incorrects… et parfois propices au quiproquo !

Il existe deux exemples littéraires fameux d'anacoluthe. D'abord, la célèbre citation de Pascal : « <u>Le nez de Cléopâtre, s'il eût été plus court</u>, toute la face de la terre aurait changé. » Le groupe souligné n'est pas relié grammaticalement au reste de la phrase : il y a dès lors anacoluthe. Second exemple, celui de La Fontaine, dans la fable « Le Vieillard et les Trois Jeunes Hommes » : « <u>Et pleurés du Vieillard</u>, il grava sur leur marbre / Ce que je viens de raconter. » Le groupe participial souligné doit renvoyer au sujet de la phrase ; or celui-ci (« il ») désigne le vieillard et non les jeunes hommes : là encore, il y a anacoluthe. Mais ce qui est chez Pascal et La Fontaine une licence, voire un effet de style, ne sera chez nous, au mieux, qu'une maladresse syntaxique : n'est pas un grand écrivain qui veut !

Bref, soyons attentifs, car les anacoluthes sont vicieuses et tapies bien souvent là où on ne les attend pas. Voici quelques cas qui mériteront toute notre vigilance, dans lesquels un groupe de mots constitué autour d'un infinitif, d'un participe ou d'un groupe nominal ne renvoie pas, comme il le devrait, au sujet :

Évitez de dire…	Dites plutôt…
- Dans l'attente de votre réponse, veuillez agréer, Madame, mes salutations distinguées.	*- Dans l'attente de votre réponse, je vous prie d'agréer, Madame, mes salutations distinguées.*
- N'ayant pas respecté la priorité, les policiers ont arrêté le contrevenant.	*- N'ayant pas respecté la priorité, le contrevenant a été arrêté par les policiers.* *- Parce qu'il n'avait pas respecté la priorité…*
- Malade depuis trois jours, mon médecin m'a prescrit du repos.	*- Malade depuis trois jours, je me suis vu prescrire du repos par mon médecin.* *- Parce que je suis malade depuis trois jours…*
- Assoupi sur ma chaise de bureau, le manageur est venu me sermonner.	*- Assoupi sur ma chaise de bureau, j'ai été sermonné par le manageur.* *- Parce que je m'étais assoupi sur ma chaise de bureau, le manageur est venu me sermonner.*
- À moins d'appeler le service technique, je ne vois pas comment tu peux t'en sortir.	*- À moins que tu n'appelles le service technique, je ne vois pas comment…*
- Après avoir fini d'écrire mon manuscrit, mon éditeur m'a félicité.	*- Après que j'eus fini d'écrire mon manuscrit, mon éditeur m'a félicité.*
- Dans un état d'excitation intense, son arrivée s'est fait remarquer.	*- Dans un état d'excitation intense, il s'est fait remarquer lors de son arrivée.*

Qui l'eût cru ?

Bon appétit !

Il existe toutefois une anacoluthe que l'usage a entérinée, car elle est devenue proverbiale : « L'appétit vient en mangeant. » Il faudrait dire : « L'appétit vient quand on mange »… sinon c'est l'appétit qui mange !

Après que nous aurons fini

« Après que nous soyons partis, ils ont fait la fête » : l'erreur est bien ancrée dans l'usage quotidien contemporain – y compris chez les professionnels de l'écriture (journalistes, écrivains, enseignants…). Elle n'en reste pas moins une véritable faute au regard de la logique grammaticale ; il faut bien dire : « Après que nous sommes partis, ils ont fait la fête » ou, mieux encore (du moins à l'écrit, car le passé antérieur a disparu de l'oral) : « Après que nous fûmes partis, ils ont fait la fête. »

Le subjonctif est le mode du virtuel, de l'action envisagée de manière subjective par le locuteur ; par conséquent, il sert notamment (mais pas seulement) à exprimer une action qui n'a pas encore eu lieu : « Ils ont tout rangé avant que nous *soyons partis*. » L'action *soyons partis* n'ayant pas encore eu lieu au moment où se déroule l'action de la proposition principale, le subjonctif s'impose. De même, il est de rigueur après les locutions exprimant le but, la temporalité, la concession, la condition : *pour que, afin que, à moins que, jusqu'à ce que, pourvu que, en attendant que, bien que, quoique, encore que, sans que, soit que… soit que,* etc.

En revanche, c'est bien l'indicatif qui doit être utilisé après la conjonction *après que*, comme on utilise l'indicatif après *dès que* ou *lorsque*. Mais ce n'est pas tout : le mode régi par *après que* est l'indicatif, certes, mais il faut en outre que le verbe soit conjugué au temps composé correspondant au temps simple de la principale ; ce qui nous donne :

Principale : temps simple	Après que + temps composé
Nous les invitons à boire un verre	après qu'ils ont fini leur travail.
Nous les invitions à boire un verre	après qu'ils avaient fini leur travail.
Nous les inviterons à boire un verre	après qu'ils auront fini leur travail.
Nous les invitâmes à boire un verre	après qu'ils eurent fini leur travail.

Petite astuce, si vous avez du mal à employer spontanément l'indicatif : remplacez *après que* par *dès que,* et cela viendra tout naturellement.

Évitez de dire : *Ils sont repartis juste après que je sois arrivé.*
Dites plutôt : *Ils sont repartis juste après que je suis / fus arrivé.*

Qui l'eût cru ?

Espoir et probabilité

Si l'emploi du subjonctif semble globalement reculer en français, il est certains cas (comme avec *après que*) où l'usage contemporain, souvent contrariant, en use et abuse.
Tout d'abord dans l'expression de la probabilité, qui impose l'indicatif : « Il est probable qu'il viendra (et non *qu'il vienne*) nous voir bientôt. »
Ensuite, dans l'expression de l'espoir (vu comme plus fort, plus « actualisant » que la possibilité), qui requiert aussi l'indicatif : « Nous espérons tous qu'il viendra (et non *qu'il vienne*) nous voir bientôt. »
Évidemment, si ces tournures passent à la forme interrogative ou négative (qui sont fortement « virtualisantes »), le subjonctif revient en force : « Il n'est guère probable qu'il vienne nous voir », « Nous n'espérons pas qu'il vienne nous voir… » Mais l'indicatif est toujours possible !

Aujourd'hui

De quelques pléonasmes lexicaux

Magnifique mot que cet adverbe à la fois si banal et si étrange, avec son orthographe bizarre, qui fleure doux la graphie médiévale ! Au regard de l'étymologie, *aujourd'hui* est un affreux pléonasme ! En ancien français, le latin *hodie* (soudure de *hoc die* « ce jour ») avait abouti à *hui*, qui fut ressenti comme trop faible : on commença ainsi de trouver la locution *ce jour d'hui*, *au jour d'hui*, qui était un renforcement pléonastique. Alors, imaginez ce que représente, en termes de « surabondance » (ce que signifie *pléonasme* en grec) sémantique le très en vogue *au jour d'aujourd'hui* ! Il est donc vital d'éviter ce pléonasme dont les cinq syllabes viennent boursoufler nos phrases sans rien apporter de plus…

Qui l'eût cru ?

Des pléonasmes insoupçonnés

S'ils sont considérés comme des fautes à bannir et se voient soumis à la vindicte des usagers, les pléonasmes ne furent pas toujours tant honnis. Dans la littérature gréco-romaine, ils constituaient même un effet de style recherché. Plus tard, en ancien français, ils étaient d'un usage courant ; du reste, nous avons conservé d'époques antérieures quelques tournures pléonastiques que, pour la plupart, nous n'analysons plus comme telles : *sain et sauf, bel et bien, divers et varié, en lieu et place* ou encore *au fur et à mesure* (le *fur* était jadis un taux, et la locution *au fur* signifiait « à proportion, à mesure »). Quant *à voire même*, les grammairiens s'étripent à son sujet : certains arguent que c'est un pléonasme à bannir ; d'autres, que *voire* (issu du latin *vera,* « vraiment ») et *même* ne sont pas synonymes et que cette redondance – si redondance il y a – est tout à fait correcte…

La liste de ces périssologies fautives est quasi infinie ! Nous connaissons tous les fameux *descendre en bas* et *sortir dehors*. En voici quelques autres, peut-être moins connus :

Évitez de dire	**Dites plutôt**
s'avérer vrai	*s'avérer* ou *se révéler vrai*
un bip sonore	*un bip* ou *un signal sonore*
un campus universitaire	*un campus*
car en effet	*car* ou *en effet*
collaborer / coopérer ensemble	*collaborer* ou *coopérer* ou *travailler ensemble*
comme par exemple	*comme* ou *par exemple*
des dépenses somptuaires	*des dépenses ostentatoires / somptueuses*
une dune de sable	*une dune*
en une heure de temps	*en une heure*
le gîte et le couvert (couvert = toit, gîte)	*le vivre et le couvert*
au grand maximum	*au maximum*
un forum de discussion	*un forum*
incessamment sous peu	*incessamment* ou *sous peu*
un krach boursier	*un krach*
une légère collation	*une collation*
mais néanmoins, mais cependant	*mais* ou *néanmoins* ou *cependant*
la marche à pied	*la marche*
un monopole exclusif	*un monopole*
opposer son veto	*mettre son veto*
la panacée universelle	*la panacée*
un faux prétexte	*un prétexte*
puis ensuite, puis après	*puis* ou *ensuite* ou *après*
une rafale de vent	*une rafale*
un risque potentiel	*un risque*
sur un même pied d'égalité	*sur un pied d'égalité*
le tri sélectif	*le tri*
unir / joindre ensemble	*unir / joindre*

Cela dit

Les adverbes démonstratifs *ci* et *là,* qui se joignent au nom (ou pronom) précédent par un trait d'union, sont loin d'être équivalents (quoique *ci* se voie de plus en plus délaissé dans la langue orale) : *cette maison-ci, cette rue-là ; celle-ci, ceux-là.*
Quelle est leur différence ? Au sens spatial, *ci* sert à désigner ce qui est le plus proche, *là* ce qui est le plus éloigné : « Je ne veux pas ce croissant-ci, mais celui-là. » Au sens temporel, *ci* se rapporte à ce qui est le plus récent *(ces temps-ci), là* à ce qui est plus ancien *(en ce temps-là).*
Dans le discours, *ceci* annonce ce qui va être dit (on dit que *ceci* est « cataphorique »), tandis que *cela* reprend ce qui a été énoncé (*cela* est « anaphorique ») : « Laissez-moi vous dire ceci : vous êtes un imbécile. » « Si je vous ai dit cela, c'est pour votre bien. » Par conséquent, la tournure *ceci dit* est incorrecte, car elle contient une contradiction indépassable : il faut donc dire, en toute rigueur, *cela dit.*
Évitez de dire : *Ceci dit, elle n'a pas complètement tort.*
Dites plutôt : *Cela dit, elle n'a pas complètement tort.*

Qui l'eût cru ?

Celui-ci, celui-là

« J'ai discuté avec mon boucher et mon boulanger : celui-ci est sympathique, celui-là est plutôt désagréable. » Qui préférez-vous : votre boulanger ou votre boucher ? En l'occurrence, *celui-ci* renvoie au plus proche dans l'énoncé, c'est-à-dire au boulanger ; *celui-là* se réfère au boucher. Cela signifie donc que le premier vous semble bon comme du bon pain, alors que le second vous paraît mal en boucher…

C'est de cela que je vous parle

De quelques pléonasmes syntaxiques

« C'est de cela dont je vous parle. » Cette phrase incorrecte est des plus courantes aujourd'hui ! Du reste, elle ne date pas d'hier ; on la trouve déjà chez Théophile Gautier (*Mademoiselle de Maupin*) : « C'est de lui dont il s'agit. » Les usagers du français se sont tellement entendu répéter qu'ils n'employaient pas assez *dont* qu'ils en usent même quand il est fautif – ce que les linguistes appellent une « hypercorrection ».

En effet, le pronom relatif *dont* est l'équivalent de *de qui, de quoi* : il contient déjà la préposition *de*. Par conséquent, dire « C'est de cela dont je vous parle », c'est exprimer deux fois *de* : autant dire, commettre un magnifique pléonasme grammatical !

En résumé : ou bien c'est *de*, ou bien c'est *dont*, mais pas les deux ! Ce qui nous donne deux possibilités correctes :

- « C'est de cela que je vous parle », « C'est de votre aide que nous avons besoin » ;
- « C'est ce dont je vous parle », « C'est votre aide dont nous avons besoin ».

Il existe quelques autres pléonasmes syntaxiques, qu'il conviendra d'éviter :

Évitez de dire	Dites plutôt
Un locataire auquel / à qui ses voisins lui demandent de faire moins de bruit.	*Un locataire auquel / à qui ses voisins demandent de faire moins de bruit.*
Il y a deux problèmes : je n'en connais pas leur solution.	*Il y a deux problèmes : je n'en connais pas la solution.*
Il n'y en a qu'un seul.	*Il n'y en a qu'un* ou *Il y en a un seul.*
Elle possède une villa à la campagne, où elle peut aller s'y reposer.	*Elle possède une villa à la campagne, où elle peut aller se reposer.*

Débuter

Les verbes purement intransitifs (c'est-à-dire ne supportant pas un complément d'objet) sont rares en français : *aboyer, agoniser, arriver, batifoler, bégayer, miauler, voyager*… En outre, un certain nombre d'entre eux peuvent, à l'occasion, se construire avec un complément d'objet direct : *aboyer des ordres* ou *bégayer des excuses*, par exemple. Parmi ces verbes intransitifs, il en est un que l'usage actuel emploie de plus en plus suivi d'un COD (à tel point que la cause semble presque désespérée…) : *débuter*. Or, dans la langue soignée, on ne peut dire que l'on débute quelque chose ; en revanche, *quelque chose débute* ou *quelqu'un débute* (dans une carrière, par exemple). Ainsi, on ne pourra pas dire : « Nous avons débuté la réunion en retard », « Les Bleus ont mal débuté le match » ; si l'on veut conserver le verbe *débuter*, il faudra dire : « La réunion a débuté en retard », « Le match a mal débuté pour les Bleus ». On pourra aussi remplacer *débuter* par l'un de ses synonymes (qui, eux, sont transitifs) : « Nous avons commencé la réunion en retard », « Les Bleus ont mal entamé le match ».

Évitez de dire : *Le président vient de débuter son allocution.*
Dites plutôt : *Le président vient de commencer son allocution.*

Qui l'eût cru ?

Perquisitionner

Autre verbe intransitif que l'usage (notamment médiatique) aime à accompagner d'un COD : *perquisitionner*. On ne perquisitionne pas l'appartement d'un ministre, mais on perquisitionne *chez lui, à son domicile*. Par conséquent, on ne pourra employer ce verbe à la voix passive : « Le local a été perquisitionné » est une phrase incorrecte.

Deux à trois kilos, deux ou trois amis

Il n'est pas rare de lire çà et là : « Deux à trois personnes ont été arrêtées. » Or, il s'agit là d'un emploi incorrect de la préposition *à*. En effet, si l'on souhaite exprimer une approximation, ladite préposition ne peut s'employer que dans deux cas bien précis :

- lorsque les deux nombres ne se suivent pas : « Vingt à trente candidats se sont présentés à l'entretien » ;
- lorsque le nom utilisé exprime une quantité divisible : « Pour cette recette, il nous faut deux à trois kilos de fraises. »

Dans tous les autres cas, c'est la conjonction de coordination *ou* qui s'impose : « Deux ou trois candidats ont été retenus. » À moins que les êtres humains soient « divisibles », ce qui poserait certains problèmes, autres que grammaticaux…

Évitez de dire : *Neuf à dix personnes ont été arrêtées.*
Dites plutôt : *Neuf ou dix personnes ont été arrêtées.*

Qui l'eût cru ?

D'ici à demain

La préposition *à* s'avère décidément facétieuse et aime à nous jouer des tours. Ainsi, retenons que la tournure *d'ici* doit toujours être suivie de la préposition *à*. En effet *d'ici à* signifie « à partir d'ici jusqu'à » : on ne dira donc pas, en toute correction « Je vous rappelle d'ici demain », mais « Je vous rappelle d'ici à demain ».

Donne-le-moi, donne-m'en

Outre sa conjugaison parfois contrariante (rappelez-vous : on écrit *tu vas, tu aimes, tu as,* mais, sans *s, va !, aime !, aie !*), l'impératif, mode de l'ordre et de la défense, présente une particularité qui fait les délices des locuteurs francophones aussi bien que des non-francophones : l'ordre des pronoms compléments y est quelque peu déroutant…

À la forme affirmative, le verbe conjugué à l'impératif peut être suivi d'un pronom complément (*rappelle-moi, allons-y, manges-en*) ou de deux (*rappelle-le-moi, emmène-nous-y, achète-leur-en*), auxquels il est joint par un trait d'union. Mais l'ordre des pronoms n'est pas aléatoire : le pronom COD vient en premier dans l'ordre de préséance, puis le pronom COI et enfin les pronoms adverbiaux *en, y*. On pourra donc avoir :

- Pronom COD + COI : *dis-le-nous, offre-les-leur* ;
- Pronom COD + y : *emmène-les-y, fiez-vous-y* ;
- Pronom COI + en : *donne-m'en, achète-nous-en* ;
- Pronom COI + y (plus rare) : *téléphone-m'y*.

Attention, dans certains cas, à l'élision de certains pronoms ! Celle-ci n'est pas toujours spontanée et peut même créer des formes pour le moins inhabituelles et étonnantes… La règle est celle-ci : les pronoms *moi, toi, le, la* s'élident devant *en, y* – ce qui évite les infamants pataquès du type *donne-moi-z'en*. On obtient ainsi :

	moi	*toi*	*le, la*
+ *en*	*m'en* *Donne-m'en* *Dis-m'en plus*	*t'en* *Achète-t'en* *Souviens-t'en*	
+ *y*	*m'y* *Emmène-m'y* *Conduis-m'y*	*t'y* *Mets-t'y* *Accroche-t'y*	*l'y* *Emmène-l'y* *Mets-l'y*

On notera tout de même que certaines formes sont d'une plausibilité très faible, voire risquent de provoquer chez votre interlocuteur incompréhension ou moquerie… Pourtant, lorsque l'on remet la phrase à l'indicatif, ces formes n'ont plus rien de surprenant : *tu m'en donnes, tu m'y emmènes, tu t'y accroches…*

À la forme négative, il se produit une « remontée » des pronoms compléments devant le verbe et, de surcroît, une légère complication dans l'ordre de préséance des pronoms :

- En premier, viennent les pronoms COD / COI *me, te, nous, vous* ;
- En deuxième, les pronoms COD de la 3e personne : *le, la, les* ;
- En troisième, les pronoms COI de la 3e personne : *lui, leur* ;
- En dernier, les pronoms *en, y*.

Exemples : « Ne nous les donne pas, ne les leur offre pas, ne me la prends pas, ne t'en veux pas, ne les y emmène pas. »

Évitez de dire : *Donne-nous-le ! Donne-moi-z'en ! Parle-moi pas !*
Dites plutôt : *Donne-le-nous ! Donne-m'en ! Ne me parle pas !*

Qui l'eût cru ?

Va-t'en / Va-t-il

À l'écrit, ne confondons pas le pronom *toi* élidé (*t'*) et le *t* dit « euphonique » :

- *Va-t'en, prends-t'en* correspondent à *tu t'en vas, tu t'en prends,* où *t'* représente bien le pronom *toi* ;
- *Va-t-il, y a-t-il* correspondent à *il va, il y a* : le *t*, placé entre deux traits d'union, n'est là que pour permettre d'éviter l'hiatus (et il disparaît lorsque le sujet n'est plus postposé).

Émouvoir, résoudre

Certains verbes seraient-ils en train d'agoniser ? C'est du moins ce que nous laisse penser l'emploi croissant des verbes *émotionner* et *solutionner*.
Il est vrai que la conjugaison irrégulière d'*émouvoir* (dérivé de *mouvoir*, qui se fait lui-même rarescent) ne joue pas en sa faveur : *j'émeus, nous émouvons, elles émeuvent ; j'émouvais ; j'émouvrai(s) ; que j'émeuve, que nous émouvions*… Seuls les participes semblent survivre vaillamment : *émouvant, ému*. Il était donc fort tentant de lui créer un paradigme moins excentrique : ce fut chose faite dès le début du XIXe siècle (on le trouve par exemple chez Zola et Sand), sur la base du nom *émotion*. Depuis lors, nous traînons ce lourdaud de quatre syllabes, sans qu'il apporte rien de plus que notre vieil *émouvoir*… Comme l'écrivait Remy de Gourmont en 1899 : « L'on ne voit pas bien que la langue qui avait "émouvoir" ait fait, en acceptant "émotionner", une acquisition très importante ni très belle. »

Quant à *résoudre*, il est de plus en plus concurrencé par *solutionner*, apparu dès la fin du XVIIIe siècle et qui a certes pour lui la désespérante régularité des verbes du 1er groupe, ainsi qu'une parfaite adéquation avec le nom *solution*… Avec ses trois radicaux *(résou-, résolv-, résol-), résoudre* se révèle plus ardu à conjuguer – mais, là encore, ô combien plus léger que les quatre syllabes de son pachydermique rival !

Évitez de dire : *Cette nouvelle l'émotionnera certainement et nous devrons solutionner ce problème.*
Dites plutôt : *Cette nouvelle l'émouvra certainement et nous devrons résoudre ce problème.*

En voiture, à bicyclette

Dans ses acceptions spatiales, la préposition *en* a pour valeur de base d'exprimer la position à l'intérieur d'un lieu ; plus précisément, elle s'applique aux véhicules à l'intérieur desquels on peut entrer : ainsi, on dira *en avion, en bus, voiture, en train.* En revanche, quand il s'agit de moyens de transport sur lesquels on peut monter, c'est la préposition *à* qui est de rigueur : *à bicyclette, à cheval, à moto, à skis, à vélo*… Toutefois, il semblerait que la préposition *en* se soit imposée dans l'usage quant aux moyens de transport plus récents (sur lesquels pourtant on monte) : *en surf, en kite, en paddle*…

Évitez de dire : *Je viendrai au restaurant en vélo.*

Dites plutôt : *Je viendrai au restaurant à vélo.*

Qui l'eût cru ?

À Avignon ou *en Avignon* ?

Le joli signe de distinction que cet emploi de la préposition *en* devant certains noms de villes : *en Avignon, en Arles* ! Jadis, *en* s'employa devant les noms de villes ; on trouve par exemple chez le chroniqueur Jean Froissart (XIVe siècle) : « Et le roi et la reine entrèrent en Calais. » Par la suite, et ce jusqu'au XVIIe siècle, on utilisa *en* devant les noms de villes commençant par une voyelle : « Irène se transporte à grands frais en Épidaure » (La Bruyère, *Les Caractères*). Mais cet emploi est archaïque et dépassé et ne convient plus aujourd'hui. *En* est donc réservé aux noms d'États (ou de provinces) de genre féminin (*en Inde*) ou masculin à initiale vocalique (*en Afghanistan*). Ce qui explique que l'on a pu dire jadis *en Avignon, en Arles*, puisque ces villes furent, pour la première un État, pour la seconde un royaume… Mais il y a beau temps que ce n'est plus le cas : aussi, malgré l'hiatus, il est préférable de dire *à Avignon, à Arles*.

Enjoindre

De registre soutenu, le verbe *enjoindre* (« ordonner expressément ») est très souvent victime d'erreurs syntaxiques concernant les compléments qu'il régit. *Enjoindre* est un verbe transitif direct, se construisant avec un complément d'objet direct suivi d'un complément d'objet second :
- le complément d'objet direct exprime l'objet de l'injonction ;
- le complément d'objet second (ou « d'attribution ») désigne le destinataire de l'injonction.

On enjoint donc quelque chose à quelqu'un. Dans un emploi un peu vieilli, le COD peut consister en un groupe nominal : « L'expérience enjoint à tous la prudence. » Mais dans l'usage contemporain, le COD est constitué d'un groupe à l'infinitif précédé de la préposition *de* : « Il m'envoie au tableau noir, et m'enjoint de tracer un cercle » (Colette, *Claudine à l'école*).
Enfin, dans un emploi plus rare, *enjoindre* peut être suivi de *que* avec le subjonctif : « Mon frère, un père enjoint que je vous satisfasse » (Jean Rotrou, *Venceslas*).

Quoi qu'il en soit, on ne dit pas *j'enjoins quelqu'un à faire quelque chose* (comme ce serait le cas avec *encourager* ou *pousser*). Finalement, *enjoindre* se construit comme son quasi-synonyme *ordonner* : on enjoint à quelqu'un de faire quelque chose, comme on ordonne à quelqu'un de faire quelque chose !

Évitez de dire : *Je les ai enjoints à m'écouter.*
Dites plutôt : *Je leur ai enjoint de m'écouter.*

Et autres…

La langue contemporaine – et notamment le langage médiatique – se délecte depuis quelque temps d'une tournure d'apparence anodine, mais employée le plus souvent à mauvais escient, *et autres*, dans des phrases qui frisent parfois le ridicule, du type : « Les journalistes, les hommes d'affaires et autres politiciens se sont tous retrouvés à cette soirée. »
En effet, le nom (au pluriel) qui suit *et autres* et conclut donc l'énumération doit être un terme générique qui englobe les précédents (on appelle cela un « hyperonyme »). Ainsi, on dira : « J'adore les énigmes classiques, les polars, les thrillers et autres romans policiers », car *romans policiers* est bien l'hyperonyme de tous les noms qui précèdent. Mais on ne pourra pas dire : « Nous avons acheté des œufs, des légumes, du poisson et autres viandes »… à moins que les œufs, les légumes et les poissons soient des viandes !
Évitez de dire : *Les ordinateurs, téléphones portables et autres tablettes font partie intégrante de nos vies.*
Dites plutôt : *Les ordinateurs, téléphones portables, tablettes et autres nouvelles technologies font partie intégrante de nos vies.*

Qui l'eût cru ?

C'est autrement difficile !

Autre tournure en vogue… et pourtant fautive, car elle contient un pléonasme : « Il est autrement plus intelligent. » En effet, l'adverbe *autrement* sert ici à introduire le comparatif de supériorité : il est donc le synonyme exact de *plus* ! Nul besoin, par conséquent, d'accumuler les deux ; dites, au choix : « Il est (bien) plus intelligent » ou « Il est autrement intelligent ».

L'aréopage n'est pas rémunéré !

De quelques barbarismes lexicaux

Le barbarisme se définit comme l'emploi involontaire d'une forme inexistante (souvent déformée) : ainsi, dire *rénumérer* pour *rémunérer* constitue un barbarisme. Ces déformations sont souvent dues à un rapprochement lexical et sémanique avec un autre mot lui ressemblant : dans le cas de *rémunérer*, le barbarisme *rénumérer* est créé par sa proximité avec *numéro*, alors que les deux termes n'ont rien à voir étymologiquement (*rémunérer* vient du latin *munus, muneris*, « fonction, charge »).

Aréopage vient, quant à lui, du grec et n'a rien à voir avec la racine *aéro-* (« air ») : dans l'Athènes antique, le tribunal siégeait sur la colline d'Arès, d'où le nom d'*Aréopage*, qui a pris en français, au figuré, le sens d'« assemblée d'individus très érudits ou très compétents ».

Il semblerait d'ailleurs que la consonne *r* fût particulièrement facétieuse, soit qu'on l'ajoute à mauvais escient, soit qu'elle se montre très mouvante et change sournoisement de place. Ainsi, on ne dit pas *arborigène*, mais *aborigène* : ce mot ne vient pas de *arbor*, mais peut-être de *ab origine* (« de l'origine »), quoique l'étymologie en soit assez obscure. On ne dit pas *formenter* (rien à voir avec *forme*) ni *fromenter* (rien à voir avec *froment*), mais *fomenter* (du latin *fomentum* « cataplasme »). On ne dit pas *des manières frustres* (rien à voir avec *rustre* ni avec *frustrer*), mais *des manières frustes* (de l'italien *frusto* « usé » : des médailles frustes sont des médailles usées par le temps, le frottement ; par extension *fruste* signifie « grossier, rude, mal dégrossi »). On ne dit pas *infractus* (rien à avoir avec *fracture*), mais *infarctus* (du latin *infarcire* « remplir, bourrer »). On ne dit pas *opprobe* (rien à voir avec *probe*), mais *opprobre* (du latin *ob-* et *probrum* « turpitude »).

Mais il existe bien d'autres façons de créer des barbarismes ! Petit florilège :

Évitez de dire	**Dites plutôt**
un astérix	*un astérisque*
antidiluvien	*antédiluvien*
carapaçonner	*caparaçonner*
disgression	*digression*
dilemne	*dilemme*
entrepreunariat	*entrepreneuriat*
filigramme	*filigrane*
maline (accepté comme « familier » par certains dictionnaires au sens de « astucieuse »)	*maligne*
mémotechnique	*mnémotechnique*
orthodentiste	*orthodontiste*
pécunier	*pécuniaire*
périgrination	*pérégrination*
rassénérer	*rasséréner*

Qui l'eût cru ?

Le fromage est en forme

Certains barbarismes du temps jadis sont devenus nos formes actuelles – eh oui, la langue évolue, et parfois à coups d'erreurs et de déformations ! Ainsi *fromage* est issue de *formage* (du latin *formaticus* « moulé dans une forme »), par métathèse (c'est-à-dire par inversion d'un son ou d'une syllabe). Dans la rubrique « animaux », notre *brebis* vient du latin *berbicem* et les *moustiques* sont une déformation de *mousquite* (de l'espagnol *mosquito*). Quant à l'adjectif *farouche*, il vient de l'ancien français *forasche* (« étranger, sauvage ») et *breuvage* est la métathèse de *beverage*.

L'eau bouillira

De quelques barbarismes de conjugaison

Outre ses irrégularités nombreuses et variées, notre conjugaison possède aussi un certain nombre de barbarismes courants, souvent dus à des analogies fallacieuses…

Ainsi, le verbe *bouillir* est irrégulier au présent de l'indicatif et cela ne nous pose pourtant aucun problème : *je bous, tu bous, il bout, nous bouillons, vous bouillez, ils bouillent*. Par contre, son futur, qui est très irrégulier, se voit souvent maltraité, par analogie avec *je bous* : il faut dire *je bouillirai, tu bouilliras, il bouillira*, etc. Toute autre forme est un barbarisme ! Mêmes causes, mêmes effets au subjonctif, dont les seules formes correctes sont : *que je bouille, que tu bouilles, qu'il bouille, que nous bouillions, que vous bouilliez, qu'ils bouillent*.

Le verbe *asseoir* offre la délicieuse particularité d'avoir au présent de l'indicatif deux conjugaisons possibles, reposant sur :
- des formes en *e* (historiques et étymologiques) : *j'assieds, tu assieds, il assied, nous asseyons, vous asseyez* ;
- des formes en *oi* (analogiques de l'infinitif) : *j'assois, tu assois, il assoit, nous assoyons* (forme considérée comme populaire), *vous assoyez* (populaire), *ils assoient*.

Il se paie même le luxe d'avoir trois futurs : *j'assiérai, j'assoirai* et (plus rare) *j'asseyerai*. Mais la forme souvent victime d'erreurs concerne le présent de l'impératif.

Assois est correcte, mais phonétiquement peu heureuse si l'on dit *assois-toi* ; mieux vaut alors dire *assieds-toi* et c'est cette forme qui, sans doute par paresse articulatoire, est souvent déformée en *assis-toi*, magnifique barbarisme à bannir à tout prix !

Les quatre verbes dérivés du vieux verbe *quérir* (*acquérir, conquérir, s'enquérir, requérir*) présentent une conjugaison largement irrégulière. Soyons vigilants :
- au présent de l'indicatif : *nous acquérons, vous acquérez, ils acquièrent* ;
- au futur simple : *j'acquerrai, tu acquerras*, etc. ;
- au passé simple : *j'acquis, tu acquis, il acquit, nous acquîmes, vous acquîtes, ils acquirent* ;
- au participe passé : *acquis, acquise.*

Si le verbe *dire* a une forme irrégulière au présent de l'indicatif (*vous dites*), ce n'est bizarrement pas le cas de ces dérivés : *vous contredisez, vous vous dédisez, vous interdisez, vous médisez, vous prédisez.*

Enfin, il convient de bien dire *je vous saurais gré*, et non *je vous serais gré*. La locution est en effet *savoir gré à quelqu'un*, où *gré* est un vieux mot signifiant « gratitude, reconnaissance » ; cette expression signifie donc « savoir, montrer de la gratitude à quelqu'un ».

Évitez de dire	**Dites plutôt**
L'eau bouera.	*L'eau bouillira.*
Attends que l'eau boue.	*Attends que l'eau bouille.*
Assis-toi !	*Assieds-toi !*
J'acquérirai.	*J'acquerrai.*
Vous contredites, vous prédites.	*Vous contredisez, vous prédisez.*
Je vous serais gré.	*Je vous saurais gré.*

Les plus beaux que j'aie jamais vus Sans qu'ils aient rien fait

Les tournures superlatives *le plus beau / la plus belle que j'aie jamais vu(e)* présentent quelques difficultés, en sorte qu'elles se voient souvent ajouter un *ne* fautif, sans même parler de l'oubli du subjonctif et des erreurs quant à l'accord du participe passé.

Pourquoi ne dit-on pas, comme on a pu l'entendre dans une chanson : « Dis-moi que je suis la seule / Que tu n'aies jamais autant désirée » ? Tout simplement parce que, en l'occurrence, l'adverbe *jamais* (issu du latin *jam* « déjà » et *magis* « plus ») a son sens affirmatif d'origine d'« un jour, déjà », que l'on retrouve dans d'autres types de tournures : « A-t-on jamais (= déjà) vu un tel imbécile ? », « Si jamais (= un jour) tu viens », « Sait-on jamais ? » ou, plus littéraire : « Je ne sais si mon cœur s'apaisera jamais (= un jour) » (Racine, *La Thébaïde*). *Le plus beau que j'aie jamais vu* signifie donc « le plus beau que j'aie pu voir un jour ». L'ajout de l'adverbe *ne* est donc fautif et relève même du contresens – il confine même, dans certaines circonstances, à l'équivoque, comme dans cet exemple journalistique : « Le seul pays qui n'ait jamais utilisé de telles armes » devient une phrase ambiguë… Notons au passage que cette structure à valeur restrictive impose l'emploi du subjonctif, même si celui-ci ne s'entend pas toujours à l'oral : « le plus beau que j'aie jamais vu », « la plus intéressante que nous ayons jamais lue ».

Autre problème posé par la négation : la présence de l'adverbe *ne* après *sans que*. L'erreur est très fréquente (pour ne pas dire qu'elle est entrée dans l'usage), qui consiste à dire *sans que je ne sois consulté*. Or, la locution *sans que* contient déjà syntaxiquement une négation ; le *ne* est donc tout à fait superflu, y compris lorsque la proposition introduite par *sans que* contient un mot comme *aucun, jamais, personne*, qui présentent ici leur valeur positive : « Il a agi sans qu'aucun d'entre nous le lui demande », « Il a agi sans que personne le lui ait demandé », « Il a agi sans qu'on lui ait rien demandé ».

Seul cas où le *ne* est accepté dans la langue soutenue (mais non obligatoire) : lorsque la proposition principale est négative : « Il ne vient jamais nous voir sans que nous (n') ayons été avertis. »

Évitez de dire : *C'est le meilleur film que je n'aie jamais vu ! Il est venu sans que je ne sois prévenu.*
Dites plutôt : *C'est le meilleur film que j'aie jamais vu ! Il est venu sans que je sois prévenu.*

Qui l'eût cru ?

La négation peut être syntaxique (*ne... pas / point / plus / jamais / personne / guère*) ou lexicale (*préfixes in-, mé-, non-*). Parfois, dans une même phrase, les deux se mélangent pour former des doubles ou triples négations, ce qui donne lieu à des imbroglios, comme dans la formule consacrée *Vous n'êtes pas sans savoir* (= vous savez pertinemment), qui contient une double négation (donc une affirmation) et ne doit pas être déformée en *Vous n'êtes pas sans ignorer* (= vous ignorez !).

Malgré que

Grand classique des fautes de bon usage, la locution conjonctive *malgré que* (+ subjonctif), est formée sur la préposition *malgré* (« en dépit de, nonobstant ») – comme bien d'autres conjonctions construites sur des prépositions : *avant que, dès que, pour que*… Elle est sans doute apparue dans la langue populaire autour du XVIIIe siècle, ce qui la désigne de longue date à la réprobation des grammairiens, qui la honnissent en chœur et recommandent de lui préférer *bien que, quoique ou encore que* (régissant elles aussi le subjonctif). Témoin de cette « célébrité », malgré elle, de la locution, cet exemple de Balzac, dans *Illusions perdues* : « Je puis vous y signaler plusieurs fautes de français. Vous avez mis (…) malgré que. Malgré veut un régime direct. »
Pourtant, nombre d'auteurs, que l'on ne peut décemment taxer de négligence grammaticale l'ont utilisée, voire défendue : Vigny, Maupassant, Sand, Claudel, Gide, Proust, Mauriac, Cocteau, Gracq… Mais n'est pas Proust ou Gracq qui veut, et l'on vous pardonnera moins facilement qu'à eux ! Mieux vaut donc l'éviter, sous peine d'encourir l'opprobre linguistique de ses semblables.
Néanmoins, il existe un cas où la locution *malgré que* est non seulement acceptée, mais ressortit à la langue soutenue : la tournure *malgré que j'en aie (que tu en aies, qu'il en ait…)*, synonyme de « contre mon gré, à contrecœur ». Elle devrait s'écrire en deux mots *mal gré*, car il s'agit bien ici du nom *gré* : *mal gré que j'en aie* (= le mauvais gré que j'en aie), qui n'a plus été compris et s'est vu souder à l'adjectif : « Il fallait même le nommer Dieu, malgré qu'ils en eussent » (Bossuet).

Évitez de dire : *Malgré qu'il fasse beau, je dois rester enfermé dans mon bureau.*
Dites plutôt : *Bien qu'il fasse beau, je dois rester enfermé dans mon bureau.*

Pallier

Le verbe *pallier* est souvent confondu, tant sémantiquement que syntaxiquement, avec *remédier*. Pourtant, ces deux mots sont loin d'être synonymes.

Pallier vient du latin *pallium* (manteau romain inspiré de l'himation grec) : littéralement, *pallier* signifie donc « couvrir d'un manteau ». Au sens figuré, dans la langue soutenue, il a pour sens « cacher, dissimuler (quelque chose de fâcheux) » et, plus précisément, « chercher à dissimuler (quelque chose de défavorable) en présentant quelque chose de positif », ou, pour le dire plus brièvement, « déguiser » : « C'est dommage qu'un méchant homme ne soit encore un sot et que la décence pallie son vice » (Montaigne, *Essais*). Dans la langue contemporaine courante, *pallier* en est venu à signifier, non pas « remédier réellement », mais « atténuer en apparence, en partie ou provisoirement », « remédier temporairement » : « Avantages qui, dans les firmes importantes, pallient un peu la modicité des salaires » (Simone de Beauvoir, *Tout compte fait*).

Par analogie avec *remédier à*, *parer à*, l'erreur fréquente consiste à dire *pallier à* ; or, *pallier* est un verbe transitif direct : on pallie *quelque chose*, et ce, n'en déplaise à certains excellents auteurs, tel André Gide : « Les événements lamentables que je vous ai dits (…) sont la condamnation (…) de tout ce que l'homme a inventé pour essayer de pallier aux conséquences de ses fautes » (*Isabelle*).

Évitez de dire : *On pallie au manque de temps par un surcroît de travail.*
Dites plutôt : *On pallie le manque de temps par un surcroît de travail.*

Partager

De la construction de certains verbes

L'usage des prépositions n'est pas un long fleuve tranquille ! Nombre de verbes ont vu leur construction varier au fil du temps. Il n'en reste pas moins que certaines rections contemporaines ne sont pas toujours bien respectées, en raison d'analogies avec d'autres verbes.

Verbes + préposition

Le verbe *partager*, par exemple, est victime depuis quelques années d'une construction fautive qui fait fureur dans les courriels professionnels : en toute correction, il faut dire « Je partage ce document avec vous » et non « Je vous partage ce document », car *partager* ne se construit pas comme *distribuer* ou *envoyer*.

Le verbe *déblatérer* (« parler longtemps et avec virulence [contre quelqu'un] ») ne se construit pas avec un complément d'objet direct, mais doit être suivi de la préposition *contre* (ou, plus rare, *sur*) : « Pendant cinq minutes, sans reprendre haleine, il déblatéra contre le mariage des écrivains » (Montherlant, *Les Jeunes Filles*) ; « Ils déblatérèrent sur les ivrognes, puis se turent » (Huysmans, *Marthe*).

Le verbe *remercier* + infinitif se construit uniquement avec la préposition *de* : « Je vous remercie de m'avoir fait confiance. » En revanche, suivi d'un nom, il peut être accompagné des prépositions *de* ou *pour* : « Je vous remercie de / pour votre confiance. »

Verbes transitifs directs

Le verbe *attester* (« rendre témoignage, garantir, certifier, prouver ») régit un complément d'objet direct : « J'atteste le sérieux de son travail », « Ses livres attestent son talent littéraire », « Elle atteste les dieux de sa sincérité », « Elle en atteste les dieux » (*attester quelqu'un de quelque chose* étant un tour vieilli). La construction avec la préposition *de*, analogique de *témoigner de,* est fautive et doit être évitée.
Le verbe *débattre* (« discuter avec vivacité ») est transitif direct : « Nous débattrons cette question lors de l'assemblée générale. » Il faut donc éviter le tour *débattre de*, dû à l'analogie avec *discuter de*.

Le verbe *lorgner* est transitif direct : « Tout le monde lorgne l'héritage de tata Claudette. » Il ne doit pas, sous l'influence du verbe *loucher*, se construire avec la préposition *sur* : « Tout le monde louche sur l'héritage de tata Claudette. »
Le verbe *vitupérer* est souvent suivi, à tort, de la préposition *contre*. Or, il se construit, lui aussi avec un COD : « Ce sont plutôt propos de table que propos à scandale. Sauf quand il vitupère les mœurs dissolues » (Cendrars, *Bourlinguer*). Du reste, *vitupérer* signifie « critiquer vivement, fustiger » et non pas « déblatérer, protester ».

Évitez de dire	**Dites plutôt**
Je vous partage les photos.	*Je partage les photos avec vous.*
Il déblatère sans cesse son patron.	*Il déblatère sans cesse contre son patron.*
Je vous remercie pour nous avoir aidés.	*Je vous remercie de nous avoir aidés.*
J'atteste de son assiduité au travail.	*J'atteste son assiduité au travail.*
Nous devons débattre du budget.	*Nous devons débattre le budget.*
Il lorgne sur la place de son collègue.	*Il lorgne la place de son collègue.*
Il vitupère tout le temps contre ses voisins.	*Il vitupère tout le temps ses voisins.*

Poser problème, faire sens

Au Moyen Âge, nombreux étaient les syntagmes constitués d'un verbe suivi d'un nom sans déterminant, notamment avec *avoir* ou *faire*, quoiqu'ils ne fussent pas la règle générale, mais hérités d'une époque antérieure où les articles n'existaient pas (puisqu'en latin il n'y en avait pas). Certains de ces tours ont disparu (*avoir métier, avoir joie, donner temps, faire leçon, souffrir mort*…), d'autres ont traversé les siècles jusqu'à nous (*avoir faim, honte, peur, raison ; chercher querelle ; donner congé ; faire montre, pitié ; perdre patience ; prendre froid ; tenir parole*…). Hormis ces locutions héritées de longue date, il sied d'éviter d'utiliser ces verbes suivis d'un nom sans son article. Ainsi, *faire problème*, attesté depuis le XIXe siècle, est déconseillé. Sur son modèle ont été bâties des tournures fautives – mais qui possèdent le lustre archaïsant des registres administratifs ou juridiques – du type *poser problème*, *poser question*, à bannir dans une langue soignée et à remplacer par *poser un problème, amener à s'interroger*. Depuis, d'autres ont suivi : par exemple, *faire société* ou *faire sens* (influencé par l'anglais *to make sense*).

Évitez de dire : *Sa réaction nous pose problème. Les résultats des dernières élections posent question.*

Dites plutôt : *Sa réaction nous pose un problème. Les résultats des dernières élections nous amènent à nous interroger.*

Qui l'eût cru ?

Tu prends la confiance !

À l'inverse, certaines locutions contenaient en ancien français un article qui a depuis lors disparu *(faire la justice)*, ce qui n'est pas sans rappeler la tournure récente de la parlure jeune *prendre la confiance*.

Postuler

Issu du latin *postulare* (« demander »), le verbe possède deux constructions distinctes ressortissant à des champs différents.

Tout d'abord, dans le domaine juridique, *postuler* signifie « représenter une partie devant un tribunal et s'occuper des actes de la procédure » ; dans ce cas, il est intransitif : ainsi, l'avocat qui postule devant une juridiction représente alors son client.

Ensuite, dans le champ intellectuel (mathématiques, logique, philosophie) et, par extension, dans le langage courant, *postuler* signifie « poser une proposition comme postulat », « admettre implicitement » ; dans ce cas, il se construit avec un complément d'objet direct : « Toute conviction postule l'absolu ou y supplée » (Cioran, *Cahiers*).

Mais son emploi le plus fréquent concerne le domaine professionnel ; *postuler* signifie « solliciter un emploi, une place » et, là encore, contrairement à un usage fautif, il est transitif direct : on postule un emploi, une place, un titre. On ne devra donc pas dire *postuler à* ni *postuler pour*.

Évitez de dire : *Elle postule pour cette place de rédactrice en chef.*
Dites plutôt : *Elle postule cette place de rédactrice en chef.*

Qui l'eût cru ?

Les candidats postulent… mais les postulants candidatent-ils ?

Postuler étant tout à fait bien constitué et correct, il n'est nul besoin d'aller chercher un verbe *candidater* (apparu dans les années 1990) qui n'apporte rien de plus…

Rien (de) moins que

Si dérisoire nous semble-t-elle, la présence d'une préposition peut tout changer ! C'est le cas de *rien (de) moins que*, dont les sens sont contraires selon que *de* est présent ou non. Du reste, ladite préposition se voit souvent omise, ce qui peut engendrer des contresens embarrassants : si votre collègue vous lance, au détour d'une conversation « Tu n'es vraiment rien moins que stupide », que faudra-t-il en déduire : qu'il vous apprécie ou qu'il vous méprise ? Comprendre et manipuler ces deux expressions requiert donc une once de raisonnement logique…

En effet, *rien moins que* signifie « nullement, aucunement » : « Tu n'es rien moins que stupide » = tu es aucune chose moins que stupide = ce que tu es le moins, c'est stupide = tu n'es nullement stupide. En l'occurrence, votre collègue a des chances de devenir votre ami…

À l'inverse, *rien de moins que* est synonyme de « bel et bien, tout à fait » : « Tu n'es rien de moins que stupide » = tu n'es aucune chose moins que stupide = tu n'es pas moins que stupide = tu es bel et bien stupide. Dans ce cas, il n'est pas sûr que vous souhaitiez devenir ami avec lui…

Ainsi on dira : « Albert Einstein n'était rien de moins qu'un savant génial », mais : « Ce livre très mal écrit n'est rien moins qu'un chef-d'œuvre. »

Évitez de dire : *Harpagon n'est rien de moins que généreux. Harpagon n'est rien moins qu'avare.*

Dites plutôt : *Harpagon n'est rien moins que généreux. Harpagon n'est rien de moins qu'avare.*

Se rappeler, se souvenir

Rappelons tout d'abord que ces deux verbes, certes très proches par le sens, ne sont toutefois pas tout à fait synonymes, chacun présentant une nuance sémantique : *se souvenir* insiste plutôt sur l'aspect passif du phénomène mémoriel, tandis que *se rappeler* fait plutôt ressortir la volonté active du sujet…
Quoi qu'il en soit, leur proximité sémantique a entraîné une erreur syntaxique très fréquente, à savoir l'alignement de *se rappeler* sur *se souvenir de*. Or, de même que *rappeler* est transitif direct, de même *se rappeler* se construit obligatoirement avec un complément d'objet direct : on se rappelle un souvenir, les bons moments, sa jeunesse… La faute consistant à construire *se rappeler* avec un complément d'objet indirect introduit par *de* est très fréquente de nos jours (bien qu'elle remonte tout de même au XVIIIe siècle). Elle s'avère particulièrement répandue en présence des pronoms personnels et relatifs : *rappelez-les-vous* (et non *rappelez-vous-en*) ; *je me le rappelle* (et non *je m'en rappelle*) ; *les souvenirs que je me rappelle* (et non *dont je me rappelle*).

Lorsque *se rappeler de* est suivi d'un infinitif, la préposition n'est pas fautive, mais c'est une construction un peu archaïsante : « Il s'est rappelé de vous avoir vu plusieurs fois » (Rousseau, *Julie ou la Nouvelle Héloïse*).
Seul cas où la préposition est obligatoire : lorsque le complément est un pronom autre que ceux de la 3e personne ; ainsi, on dira : « Je me rappelle très bien de toi, de vous », « Te rappelles-tu de moi ? »

Évitez de dire : *Je me rappelle de nos vacances. Rappelle-t'en !*
Dites plutôt : *Je me rappelle nos vacances. Rappelle-les-toi !*

Je suis allé, j'ai été

La confusion entre *aller* et *être* ne date pas d'hier : déjà en latin, celui-ci pouvait s'employer à la place de celui-là ! L'ancienne langue puis le français classique et contemporain ont perpétué cet usage en disant souvent *j'ai été à Rome* pour *je suis allé à Rome*.
Certains grammairiens et lexicographes ont tenté de distinguer ces deux emplois (à coups d'explications byzantines), mais force est de constater que, dans l'usage, les deux tournures sont équivalentes : « Moi aussi je suis allé là où vous avez été » (Alain-Fournier, *Le Grand Meaulnes*). Tournures équivalentes, certes… à une différence près, celle du registre de langue.

Aux temps composés, l'emploi d'*aller* pour *être* relève de la langue familière : « J'ai été au cinéma », « Elle avait été en Corse ». Cela dit, on rencontre aussi cet usage dans maints exemples littéraires : « Cette fille l'avait été trouver chaque nuit dans sa hutte » (Maupassant, « Le Lapin »). Quoi qu'il en soit, il vaut mieux, dans une langue soignée, utiliser *aller :* « Je suis allé(e) au cinéma », « Elle était allée en Corse ».

En revanche, la substitution d'*aller* (notamment dans sa forme pronominale *s'en aller*) par *être* est du meilleur effet dans la langue littéraire, au passé simple (et à l'imparfait du subjonctif) : « Et nous fûmes coucher sur le pays exprès » (Molière, *Les Fâcheux*) ; « Il courba le dos, et s'en fut » (Bernanos, *Sous le soleil de Satan*).

Évitez de dire : *J'ai été chez le médecin.*
Dites plutôt : *Je suis allé chez le médecin.*

Au sud de Paris

Une once de précision géographique ne peut pas nuire. Ainsi, il conviendra de distinguer *j'habite au sud de Paris* et *j'habite dans le sud de Paris.*

La préposition *dans* exprime une position à l'intérieur d'un lieu (= *dedans*) : « Strasbourg est dans l'est de la France », « Montpellier est dans le sud (ou Sud) ».

La préposition *à* possède une valeur spatiale moins précise. *Au nord de* signifie en l'occurrence « dans une région située dans la direction du nord par rapport à un lieu donné » (= *à côté de*) : « L'Allemagne est à l'est de la France » ; « Montreuil est au nord de Paris ».

Évitez de dire : *La tour Montparnasse se trouve au sud de Paris.*

Dites plutôt : *La tour Montparnasse se trouve dans le sud de Paris.*

Qui l'eût cru ?

On dirait le sud… ou *le Sud* ?

L'emploi de la majuscule dans les noms des points cardinaux n'est pas toujours chose aisée… La règle de base exige la minuscule lorsque le point cardinal exprime une direction : « Elle est née dans le nord de la France », « Le soleil se lève à l'est », « le vent du nord ». La minuscule est aussi de rigueur lorsque les points cardinaux sont utilisés comme adjectifs (invariables) : « les banlieues ouest ».

La majuscule s'impose seulement dans quelques cas précis :

- lorsque *nord, sud, est, ouest* désignent une région précise, une entité politique ou géographique bien définies, ou, par métonymie, les habitants d'une région : « Nous vivons dans le Sud », « les pays du Nord », « l'Allemagne de l'Est », « Ils ont déménagé dans le Midi », « Le Nord est plus riche que le Sud » ;
- dans *le pôle Nord* (mais *le pôle nord d'un aimant*).

Sur Lyon

Parmi la myriade de prépositions du français, il en est deux qui prennent, depuis quelque temps, un peu plus de place que les autres : *sur* et *en*. La valeur ancienne de *sur* (issue du latin *super*) est celle d'une préposition exprimant la position par rapport à une surface qui soutient : « Le livre est sur la table. » Mais *sur* s'utilise aussi de manière plus abstraite, par exemple pour introduire le sujet dont on parle (« un livre sur un sujet sérieux ») ou le fondement abstrait, voire la cause (« croire quelqu'un sur sa bonne mine »). *Sur* a donc toujours été employé aussi en dehors de sa valeur spatiale. Mais depuis quelques années cette valeur spatiale s'est étendue et il est devenu commun d'entendre : « Je travaille sur Lyon », plutôt que : « Je travaille à Lyon. » On explique souvent cet emploi comme différent : *sur Lyon* est plus vague, plus « englobant », plus « surplombant ». « Je travaille sur Lyon » équivaudrait à : « Je travaille à Lyon, mais aussi près de Lyon ou dans ses environs. » *Sur* serait ainsi la préposition de la mobilité ! Peut-être. Il n'en reste pas moins que dire « J'habite sur Paris » tous azimuts, y compris quand on évoque une adresse précise, doit être évité.

Évitez de dire : *Je travaille sur Lyon.*

Dites plutôt : *Je travaille à Lyon.*

Qui l'eût cru ?

En l'église, à la mairie

La préposition *en* évince petit à petit les banales *à* et *dans* : on n'est plus *à* ni *dans* la gare, mais *en* gare ; on ne paye plus *à* la caisse, mais *en* caisse ; on n'achète plus ses médicaments *à* la pharmacie, mais *en* pharmacie ; on ne dîne plus *à* l'extérieur, mais *en* extérieur ; enfin, on ne part plus *à* la retraite, mais *en* retraite… Et la liste est loin d'être close ! Or, excepté l'archaïsme *en l'église*, dans tous ces cas (où certes la préposition *en* confère un certain lustre, une espèce de solennité administrative) il est préférable d'utiliser la préposition *à*.

Tant s'en faut, loin de là

Apparue au milieu du XXe siècle, une locution fait fureur aujourd'hui : *loin s'en faut*. Or cette espèce d'hybride monstrueux est en réalité une absurdité, à tout le moins du point de vue syntaxique. Elle provient du croisement de deux locutions bien installées : *loin de là* et *tant s'en faut*. Si *loin de là* est assez limpide, il n'en va pas de même pour *tant s'en faut*, dont la syntaxe nous échappe – cette incompréhension ayant sans doute favorisé la création de *loin s'en faut.*
Héritée de l'ancienne langue, la locution *tant s'en faut* fut formée sur le verbe *s'en falloir* (« manquer ») ; aujourd'hui encore on trouve des phrases du type : « Il s'en faut (de peu, de beaucoup) qu'il ne réussisse. » Ce verbe s'est aussi maintenu dans des expressions figées, telle *tant s'en faut*, dans laquelle le sujet impersonnel *(il)* n'est pas exprimé et l'adverbe *tant* est antéposé : *tant s'en faut = il s'en faut de tant = il en manque autant*. Dire *loin s'en faut* signifierait donc *il s'en faut de loin, il en manque loin*, ce qui, on le conçoit, n'aurait guère de sens.
Évitez de dire : *Je n'ai pas tout compris à ce livre, loin s'en faut !*
Dites plutôt : *Je n'ai pas tout compris à ce livre, tant s'en faut !*

Qui l'eût cru ?

Un bon emploi du *tant*

L'adverbe *tant* se rencontre aussi dans une tournure souvent malmenée : en toute correction, on évitera de dire *tant qu'à* + infinitif (*tant qu'à faire, tant qu'à venir*), mais on préférera *à tant faire que de* +infinitif : « À tant faire que de le rencontrer, j'aime mieux qu'il me voie autrement » (Colette, *Chéri*), et non « tant qu'à faire de le rencontrer » ni « tant qu'à le rencontrer ».
À l'inverse, on ne doit pas utiliser *tant qu'à* + nom à la place de *quant à* (« en ce qui concerne ») : « Quant à moi, je ne suis pas d'accord. »

Sommaire

I

De quelques faux sens et contresens

II

De quelques confusions et imprécisions

III

De quelques mots et expressions qui se ressemblent… mais ne s'assemblent pas

IV

Des quelques maladresses de construction lexicale ou syntaxique

Index

Déjà parus

Les 100 Choses à avoir faites au moins une fois dans sa vie à Paris
(*Figaroscope*, 2013)

100 pièges à éviter pour écrire et parler un excellent français
(*Le Figaro littéraire*, 2014)

100 choses à avoir faites au moins une fois dans sa vie à Paris avec ses enfants
(*Figaroscope*, 2014)

100 bonnes & mauvaises manières à connaître dans la vie
Le guide du bien élevé
(*Le Figaro*, 2015)

Les 100 Citations et Locutions pour ne pas perdre son latin
(*Le Figaro littéraire*, 2015)

100 expressions héritées de l'Histoire
(*Le Figaro littéraire*, 2015)

100 expressions favorites de nos grands-mères
(*Le Figaro littéraire*, 2016)

100 anglicismes à ne plus jamais utiliser !
(*Le Figaro littéraire*, 2016)

100 bonnes & mauvaises manières à connaître
Le guide du bien élevé en vacances
(*Le Figaro*, 2016)

100 lieux du patrimoine français à avoir vu au moins une fois dans sa vie
(*Le Figaro*, 2016)

100 pour cent chic - Le guide de l'élégance au masculin
(*Le Figaro Magazine*, 2016)

Aux origines des 100 superstitions qui hantent ou réjouissent notre quotidien
(*Le Figaro*, 2017)

Le Tour de France des 100 péchés mignons
(*Le Figaro*, 2017)

100 lieux pour se ressourcer en France
(*Le Figaro Magazine*, 2017)

100 lieux qui ont fait la France
(*Le Figaro Magazine*, 2017)

100 expressions savoureuses à partager entre petits et grands
(*Le Figaro*, 2017)

100 Châteaux qu'il faut connaître à Bordeaux
(*Le Figaro Vin*, 2018)

Les 100 Inventions qui font la fierté de la France
(*Le Figaro Magazine*, 2018)

Les 100 Expressions à éviter au bureau et ailleurs
(*Le Figaro*, 2018)

Les 100 Romans français (qu'il faut avoir lus)
(*Le Figaro littéraire*, 2018)

Les 100 Poèmes (qu'il faut absolument connaître)
(*Le Figaro littéraire*, 2019)

Les 100 Répliques cultes du cinéma français
(*Le Figaro*, 2019)

Les 100 Plus Belles Lettres de la langue française
(*Le Figaro littéraire*, 2020)

Déjà parus

Les 100 Citations de philosophie les plus précieuses
(*Le Figaro littéraire*, 2020)

Les 100 Dates vraiment clés de l'histoire de France
(*Le Figaro histoire*, 2020)

Les 100 Héroïnes de la littérature
(*Le Figaro littéraire*, 2021)

Les 100 Plantes qui soignent
(*Le Figaro*, 2021)

Les 100 Personnages cultes de la BD
(*Le Figaro*, 2021)

Les 100 Héroïnes de l'art
(*Madame Figaro*, 2021)

Les 100 Expressions inspirées de l'art
(*Le Figaro littéraire*, 2021)

Les 100 Héros de la littérature
(*Le Figaro littéraire*, 2022)

Pour en finir avec les 100 fautes de français qui nous agacent
(*Le Figaro littéraire*, 2022)

Les 100 Règles du savoir-vivre
(*Le Figaro*, 2022)

L'auteur

Expert au Projet Voltaire et formateur, verbicruciste pour diverses revues, ancien professeur de lettres classiques, Julien Soulié est un amoureux inconditionnel des mots et un passionné d'orthographe et de grammaire. Il rédige des dictées (assez retorses, paraît-il) pour des concours d'orthographe et a écrit de nombreux livres sur la langue française, parmi lesquels *Et cetera, et cetera. La langue française se raconte* et *Les Pourquoi du français*, aux éditions First, ou *Par humour du français !*, à la Librairie Vuibert.

Société du Figaro. Siège social, 14, boulevard Haussmann, 75009 Paris.
Président : Charles Edelstenne.
Directeur général, directeur de la publication : Marc Feuillée.
Directeur général adjoint : Jean-Luc Breysse.
Directeur des rédactions : Alexis Brézet.
Directeur du Figaro littéraire : Étienne de Montety.
Auteur : Julien Soulié.

Éditeur : Robert Mergui.
Maquette : Sophie Trotin et Sarah Zanet.
Couverture : Philippe Gruson.
Création : Sophie Trotin.
Correction : Frédéric Guernalec.
Responsable de la diffusion : Sophie Miton.
Chargée de communication : Aurélie Broux.
Directrice de production : Corinne Videau.
Directrice de fabrication : Emmanuelle Dauer.

Crédit photo : Adobe Stock.

ISBN : 9-782810-509973

Achevé d'imprimer en septembre 2022 sur les presses de l'imprimerie Pollina, France. N°44146.
Imprimé sur papier Selena 100 g produit par Burgo.